**LA MUERTE
DE UN VIAJANTE**

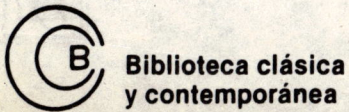 **Biblioteca clásica
y contemporánea**

ARTHUR MILLER

LA MUERTE DE UN VIAJANTE

EDITORIAL LOSADA, S.A.
BUENOS AIRES

BIBLIOTECA CLÁSICA Y CONTEMPORÁNEA

5ª edición: mayo 1995

© Editorial Losada, S. A.
Moreno 3362,
Buenos Aires, 1950

Tapa: Alberto Diez

ISBN: 950-03-0336-1
Queda hecho el depósito que marca la ley 11.723
Marca y características gráficas registradas en la
Oficina de Patentes y Marcas de la Nación
Impreso en Argentina
Printed in Argentina

LA MUERTE DE UN VIAJANTE

*Ciertas conversaciones privadas
en dos actos y un réquiem*

Traducción de
MIGUEL DE HERNANI

Título original
Death of a Salesman
© The Viking Press, New York, 1949
© Editorial Losada, S. A., 1950

PERSONAJES

(Por orden de aparición)

Wylly Loman
Linda
Biff
Happy
Bernard
La Mujer
Charley
Tío Ben
Howard Wagner
Jenny
Stanley
Señorita Forsythe
Letta

Estrenada por Kermit Bloomgarden y Walter Fried, en el Morosco Theatre de Nueva York, el 10 de febrero de 1949.

La acción se desarrolla en la casa y el patio de Willy Loman y en varios lugares que éste visita en el Nueva York y el Boston de hoy.

En toda la pieza, en las indicaciones de escena, izquierda y derecha son las del escenario.

Primer acto

Se oye una melodía tocada por una flauta. Es una música leve y fina que habla de hierba, de árboles, de horizontes. Se levanta el telón.

Ante nosotros, la casa del Viajante. Se perciben, tras ella, cercándola por todos lados, formas altas y angulares: Sólo la luz azul del cielo llega a la casa y al proscenio; la zona circundante muestra un áspero resplandor anaranjado. Cuando se hace más luz, vemos una maciza mole de casas de departamentos alrededor de la casita de frágil aspecto. El ambiente del lugar es el de un sueño, de un sueño que surgiera de la realidad. La cocina en el centro parece bastante real, pues hay en ella una mesa con tres sillas y una heladera. Pero no se ven más cosas. Al fondo de la cocina, hay una puerta con cortina que conduce a la sala. A la derecha de la cocina, a un nivel medio metro más alto, hay un dormitorio sin más muebles que una cama de hierro y una silla. Sobre un anaquel, encima de la cama, se ve un trofeo deportivo de plata. Una ventana da a la casa de departamentos de ese lado.

Detrás de la cocina, a un nivel unos dos metros más alto, está el dormitorio de los chicos, ahora apenas visible. Se perciben vagamente dos camas; al fondo de la habitación, hay una buharda. Este dormitorio está encima de la sala que no se ve. A la izquierda, sube hasta él, desde la cocina, dibujando una curva, una escalera.

Las decoraciones son por doquiera o en algunos lugares parcialmente transparentes. El tejado tiene una sola dimensión: por encima y por debajo de él, se ven las casas de departamentos. Delante de la casa, hay un tablado que se curva más allá del proscenio, hacia la orquesta. Esta parte delantera del escenario sirve tanto de patio zaguero como de lugar donde se desarrollan todas las imaginaciones de Willy *y sus escenas en la ciudad. Siempre que la acción es en presente, los actores respetan los muros imaginarios y entran en la casa únicamente por su puerta de la izquierda. Pero, en las escenas que se refieren al pasado, estos lindes quedan rotos y los personajes entran o salen pasando "a través" de un muro al proscenio.*

WILLY LOMAN, el viajante, entra por la derecha, con dos grandes maletas de muestras. La flauta sigue tocando. WILLY la oye, aunque sin darse cuenta de ello. Su agotamiento es manifiesto hasta cuando cruza la escena hacia la entrada de la casa. Abre la puerta, entra en la cocina, deja su carga con alivio y palpa sus palmas doloridas. Deja escapar una palabra en un suspiro; podría ser "¡Cielos! ¡Oh, cielos...!" Cierra la puerta y luego lleva las maletas a la sala por la puerta de la cocina que la cortina oculta.

LINDA, su mujer, se ha agitado en la cama de la derecha. Se levanta y se pone una bata, a la escucha. Alegre por lo general, ha adquirido el hábito de reprimir con voluntad de hierro sus reparos a la conducta de WILLY. Hace más que quererle. Le admira, como si el natural vivo, el genio, los grandes sueños y las menudas crueldades de su marido fueran para ella únicamente la recordación costante de las turbulentas ansias que WILLY siente, unas ansias que ella comparte, aunque carezca de temperamento para expresarlas y seguirlas hasta el fin.

LINDA *(al oír a* WILLY *en la casa, llama con cierta angustia).* — ¡Willy!
WILLY. — No pasa nada. He vuelto.
LINDA. — ¿Por qué? ¿Qué ha pasado? *(Breve pausa.)* ¿Ha sucedido algo, Willy?
WILLY. — No, no ha sucedido nada.
LINDA. — ¿Es que has chocado, Willy?
WILLY *(con irritación natural).* — He dicho que no ha sucedido nada. ¿No me has oído?
LINDA. — ¿No te sientes bien?
WILLY. — Estoy muerto de cansancio. *(La flauta se ha*

desvanecido. WILLY *se sienta en la cama, junto a su esposa, como entumecido.*) No pude seguir, Linda. Sencillamente, no pude...

LINDA (*con sumo cuidado, con delicadeza*). — ¿Dónde estuviste todo el día? Tienes malísima cara.

WILLY. — Fui hasta un poco más allá de Yonkers. Me detuve para tomar una taza de café. Tal vez fue el café.

LINDA. — ¿Qué?

WILLY (*tras una pausa*). — De pronto me fue imposible conducir. El coche se me iba. ¿Comprendes?

LINDA (*tratando de ayudarle*). — ¡Oh! Tal vez fue de nuevo esa dirección. No creo que Ángelo entienda muy bien el Studebaker.

WILLY. — No, soy yo, soy yo. De pronto, advierto que voy a casi cien por hora y no me puedo acordar nada de los últimos cinco minutos. Estoy... Se diría... que no puedo fijar mi atención.

LINDA. — Tal vez sean tus lentes. Nunca fuiste a que te pusieran lentes nuevos.

WILLY. — No, veo muy bien. Volví a quince por hora. Tardé casi cuatro horas desde Yonkers.

LINDA (*resignada*). — Bien, tendrás que descansar, Willy. No puedes continuar así.

WILLY. — Acabo de volver de Florida.

LINDA. — Pero no descansó tu cabeza. Tu cabeza trabaja demasiado y es la cabeza lo que importa, querido.

WILLY. — Saldré por la mañana. Tal vez me sienta mejor por la mañana. (LINDA *le está quitando los zapatos.*) Estos malditos soportes del arco me están matando...

LINDA. — Toma una aspirina. ¿Quieres que te traiga una aspirina? Te aliviará.

WILLY (*reflexionando*). — Iba en el coche, ¿sabes? Y el día estaba lindísimo. Hasta contemplaba el paisaje. ¿Te imaginas contemplando el paisaje a un hombre como yo, que se ha pasado todas las semanas de su vida en la carretera? Pero aquello estaba precioso,

Linda, con tantos árboles y tanto sol... Abrí el parabrisas y me dejé acariciar por aquel viento tibio... Y, en esto, repentinamente, me veo fuera de la carretera. Como te digo, me olvidé por completo de que estaba conduciendo. Si me hubiese ido por el otro lado, sobre la línea, hubiera podido matar a alguien. Volví al camino y, cinco minutos después, estaba soñando de nuevo y casi... (WILLY *se aprieta los ojos con los dedos.*) Tengo unos pensamientos tan extraños...

LINDA. — Willy, querido. Háblales de nuevo. No hay motivo para que no puedas trabajar en Nueva York.

WILLY. — No me necesitan en Nueva York. Soy el hombre de Nueva Inglaterra. Soy esencial en Nueva Inglaterra.

LINDA. — Pero tienes sesenta años. No pueden pensar en tenerte viajando todas las semanas.

WILLY. — Tendré que enviar un telegrama a Portland. He de visitar a Brown y Morrison mañana a las diez para enseñarles los artículos. ¡Hay ahí una buena venta, maldita sea! (*Comienza a ponerse su chaqueta.*)

LINDA (*quitándole la chaqueta*). — ¿Por qué no vas mañana a las oficinas y le dices a Howard, sencillamente, que tienes que trabajar en Nueva York? Te conformas con demasiada facilidad.

WILLY. — Si el viejo Wagner viviera, yo estaría ahora al frente de Nueva York. Ese hombre era magnífico. Pero este hijo suyo, Howard, no sabe estimar las cosas. Cuando yo fui al norte por primera vez, la Compañía Wagner no sabía ni dónde estaba Nueva Inglaterra.

LINDA. — ¿Por qué no dices todas esas cosas a Howard?

WILLY (*animado*). — Lo haré, sí. Estoy decidido a hacerlo. ¿Queda algún queso?

LINDA. — Te haré un emparedado.

WILLY. — No, vete a dormir. Tomaré un poco de leche. Me recobraré en seguida. ¿Están en casa los chicos?

LINDA. — Están durmiendo. Happy llevó esta noche a Biff con unas muchachas.

WILLY (*interesado*). — ¿De veras?

LINDA. — Me agradó verles cómo se afeitaban juntos, uno tras otro, en el cuarto de baño. Y que salieran juntos. ¿No lo adviertes? Toda la casa huele a loción de afeitar.

WILLY. — Imagínate... Trabajas toda tu vida para pagar una casa. Finalmente, es tuya, pero no hay nadie que viva en ella.

LINDA. — Bien, querido, la vida es un continuo derroche. Siempre lo ha sido.

WILLY. — No, no, algunos... Algunos llegan a realizar cosas. ¿Dijo Biff algo después de que yo me fuera esta mañana?

LINDA. — No debiste haberle criticado, Willy, especialmente cuando acababa de llegar. No debes perder los estribos con él.

WILLY. — ¿Cuándo demonios perdí los estribos con él? Me limité a preguntarle si estaba ganando algún dinero. ¿Es eso criticarle?

LINDA. — Pero, querido, ¿cómo puede ganar dinero?

WILLY (*fastidiado y enfadado*). — Hay en él algo extraño. Se ha hecho irritable. ¿Se excusó cuando me fui?

LINDA. — Está muy abatido, Willy. Tú sabes lo mucho que te admira. Creo que, cuando encuentre su camino, los dos seréis más felices y no os pelearéis más.

WILLY. — ¿Cómo puede encontrar su camino en una granja? ¿Es eso vida? ¿Peón en una granja? En un principio, cuando era un muchacho, bien, un joven, no me pareció mal que anduviera de un lado a otro y tomara diferentes empleos. Pero ya han pasado diez años y todavía no ha sido capaz de ganar treinta y cinco dólares a la semana.

LINDA. — Está buscando su camino, Willy.

WILLY. — ¡No haberlo encontrado a los treinta y cuatro años es una desdicha!

LINDA. — Ssss...

WILLY. — ¡Lo que pasa es que es un vago, maldita sea!

LINDA. — ¡Willy, por favor!

WILLY. — ¡Biff es un gandul, nada más!

LINDA. — Están durmiendo. Vete a tomar algo. Baja.
WILLY. — ¿Por qué ha venido a casa? Me gustaría saber qué es lo que le ha traído por aquí.
LINDA. — No lo sé. Creo que está desorientado, Willy. Muy desorientado.
WILLY. — Biff Loman está desorientado. En el mayor país del mundo, un joven con... dotes como las suyas no sabe por dónde anda... Y, además, con su amor al trabajo. Hay algo indiscutible en Biff: no tiene nada de perezoso.
LINDA. — Nada. Nunca lo ha tenido.
WILLY (*compadecido y decidido*). — Voy a hablar con él mañana. Charlaremos con detenimiento. Voy a procurarle una ocupación como viajante. Prosperaría en un santiamén. ¡Cielos! ¿Recuerdas cómo le seguían cuando cursaba la segunda enseñanza? Bastaba que sonriera para que todas las caras se alegraran. Cuando paseaba por la calle... (*Se enfrasca en sus recuerdos.*)
LINDA (*tratando de sacarle del ensimismamiento*). — Willy, querido, compré hoy una nueva clase de queso norteamericano. Queso batido...
WILLY. — ¿Por qué compraste norteamericano cuando sabes que me gusta el suizo?
LINDA. — Creí que te gustaría un cambio...
WILLY. — No quiero cambios. ¡Quiero queso suizo! ¿Por qué se me contradice siempre?
LINDA (*amparándose en una risa*). — Yo creí que sería una sorpresa.
WILLY. — ¿Por qué no abres la ventana, por el amor de Dios?
LINDA (*con paciencia infinita*). — Están todas abiertas, querido.
WILLY. — ¡Cómo nos han encerrado aquí! Ladrillos y ventanas, ventanas y ladrillos...
LINDA. — Hicimos una tontería en no comprar el terreno inmediato.
WILLY. — La calle está llena de coches y no hay ni un soplo de aire fresco en toda la vecindad. La hierba

no crece más y no puedes cultivar ni una zanahoria. ¿Por qué no han hecho una ley contra las casas de departamentos? ¿Recuerdas los dos hermosos olmos que había afuera? ¿Cuando Biff y yo colgábamos el columpio entre los dos?

LINDA. — Sí, era como estar a mil kilómetros de la ciudad.

WILLY. — Debieron llevar a la cárcel al constructor por haber cortado esos árboles. Han echado a perder todo el barrio. *(Ensimismándose.)* Cada vez pienso más en aquellos tiempos, Linda. En esa época teníamos lilas y vistarias. Luego, venían las peonias y los narcisos. ¡Qué fragancia había en este cuarto!

LINDA. — Bien, al fin y al cabo, la gente tiene que instalarse en algún sitio.

WILLY. — No; lo que pasa es que ahora hay más gente.

LINDA. — No creo que haya más gente. Creo...

WILLY. — ¡Te digo que hay más gente! Es lo que está destrozando al país. La población se está saliendo de madre. La competencia es atroz. ¡Observa cómo huele esa casa de departamentos! Y la otra, en el otro lado... ¿Cómo diablos pueden batir queso?

Con las últimas palabras de WILLY, BIFF *y* HAPPY *se incorporan en sus camas, a la escucha.*

LINDA. — Baja, pruébalo. Y no hagas ruido.

WILLY *(volviéndose hacia* LINDA, *con expresión culpable).* — No te causo preocupaciones, ¿verdad, chiquita?

BIFF. — ¿Qué pasa?

HAPPY. — Escucha...

LINDA. — Eres tú quien se preocupa demasiado.

WILLY. — Tú eres mi sostén y mi apoyo, Linda.

LINDA. — Procura descanasar, querido. Haces montañas de granos de arena.

WILLY. — No me pelearé más con él. Si quiere volver a Texas, que vuelva.

LINDA. — Ya encontrará su camino.

WILLY. — Desde luego. Algunos hombres se inician

tarde en la vida. Como Tomás Edison, según creo. O Goodrich. Uno de ellos era sordo. *(Se dirige a la puerta del dormitorio.)* Apostaría cualquier cosa en favor de Biff.

LINDA. — Y... Willy... si hace buen tiempo el domingo, iremos a pasear con el coche por el campo. Abriremos el parabrisas y almorzaremos.

WILLY. — No, los nuevos coches no tienen parabrisas que se abren.

LINDA. — Pues tú lo abriste hoy.

WILLY. — ¿Yo? No... *(Se detiene.)* ¡Qué cosa extraña! Es notabilísimo... *(Se interrumpe, perplejo y asustado, mientras se oye distante el sonido de la flauta.)*

LINDA. — ¿Qué, Willy?

WILLY. — Es la cosa más notable...

LINDA. — ¿Qué, querido?

WILLY. — Estaba pensando en el Chevrolet. *(Breve pausa.)* Mil novecientos veintiocho... cuando tenía el Chevrolet rojo. *(Se interrumpe.)* ¿No es curioso? Hubiera jurado que estaba conduciendo hoy el Chevrolet.

LINDA. — Bien, eso no es nada. Algo te lo habrá hecho recordar...

WILLY. — Notable, notable... Pss... ¿Recuerdas aquellos días? ¿Cómo Biff cuidaba el coche? El vendedor no quería creer que hacía ciento treinta kilómetros. *(Menea la cabeza.)* ¡Eh! *(A* LINDA.*)* Cierra los ojos; me siento muy bien. *(Sale de la habitación.)*

HAPPY *(a* BIFF.*)* — ¡Cielos! Tal vez ha vuelto a chocar con el coche...

LINDA *(llamando a* WILLY*).* — ¡Cuidado con las escaleras, querido! El queso está en la balda del medio. *(Se vuelve, se acerca a la cama, toma la chaqueta de* WILLY *y abandona el dormitorio.)*

Hay ahora luz en el cuarto de los muchachos. Sin que se le vea, se oye a WILLY *hablar consigo mismo: "Ciento treinta kilómetros" y una risita.* BIFF *sale de la cama, se adelanta un poco y escucha atentamente. Es dos años mayor que su hermano* HAPPY; *es apuesto, pero estos días parece abatido y menos seguro de sí mismo. Ha prosperado menos y sus sueños son mayores y menos aceptables que los de* HAPPY. *Éste es alto y atlético. La sexualidad es en él algo visible o un aroma que muchas mujeres han descubierto. Como su hermano, está desorientado, pero de un modo distinto, porque no se ha permitido pensar en la derrota y está por ello más confuso y endurecido, aunque aparentemente más contento.*

HAPPY *(saliendo de la cama).* — Le van a quitar la licencia, si sigue así. Me está preocupando, ¿sabes, Biff?

BIFF. — Está perdiendo la vista.

HAPPY. — No, he ido con él en el coche. Ve muy bien. Lo que pasa es que se distrae. Fui con él al centro la semana última. Se detiene ante la luz verde, cuando aparece la roja, se pone en marcha. *(Se ríe.)*

BIFF. — Tal vez no distinga los colores.

HAPPY. — ¿Papá? Es el que más sabe de colores en el negocio. Lo sabes muy bien.

BIFF *(sentándose en la cama).* — Voy a dormir.

HAPPY. — No seguirás enfadado con papá, ¿verdad Biff?

BIFF. — Creo que ya se le ha pasado.

WILLY *(debajo de ellos, en la sala).* — Sí, señor, ciento treinta kilómetros, ciento treinta y tres...

BIFF. — ¿Estás fumando?

HAPPY *(ofreciéndole un atado de cigarrillos).* — ¿Quieres uno?

BIFF *(tomando un cigarrillo).* — No puedo dormir en cuanto huelo a tabaco.

WILLY. — ¡Qué manera de limpiar el coche!

HAPPY *(muy emocionado).* — ¿No es raro, Biff? ¿No te parece raro que estemos durmiendo aquí otra vez? ¿En las viejas camas? *(Da una afectuosa palmada a su cama.)* Cuánta conversación hubo de cama a cama, ¿eh? Toda nuestra vida.

BIFF. — Sí... ¡Cuántos sueños y proyectos!

Happy *(con una risa profunda y masculina).* — Unas quinientas mujeres desearían saber lo que se dijo en esta habitación.

Los dos ríen suavemente.

Biff. — ¿Te acuerdas aquella gran Betsy no sé cuántos? ¿Cómo diablos se apellidaba? La de la Avenida Bushwick.

Happy *(peinándose).* — La del perro de pastor...

Biff. — Esa misma. Yo te llevé allí, ¿recuerdas?

Happy. — Sí, fue mi primera vez... creo. ¡Chico, qué puerca era! *(Se ríen, casi ruidosamente.)* Tú me enseñaste todo lo que sé sobre mujeres. No lo olvides.

Biff. — Apuesto a que te has olvidado de lo tímido que solías ser. Especialmente con las chicas.

Happy. — Todavía lo soy, Biff.

Biff. — Vamos, vamos...

Happy. — Lo que pasa es que me domino; eso es todo. Creo que yo me he hecho menos tímido y tú más. ¿Qué ha sucedido, Biff? ¿Dónde está el antiguo buen humor, la antigua confianza en ti mismo? *(Sacude la rodilla de* Biff. *Éste se levanta y se pasea nervioso por la habitación.)* ¿Qué te pasa?

Biff. — ¿Por qué papá se burla de mí todo el tiempo?

Happy. — No se burla de ti; lo que hace...

Biff. — En cuanto digo algo hay una mueca de burla en su cara. No puedo acercarme a él.

Happy. — Lo que quiere es que salgas adelante, eso es todo. Quería hablarte sobre papá hace tiempo, Biff. Algo... le está pasando. Habla... consigo mismo.

Biff. — Lo advertí esta mañana. Pero siempre ha murmurado entre dientes.

Happy. — Pero no de modo tan perceptible. Me preocupó tanto que le envié a Florida. Y, ¿sabes una cosa? La mayor parte del tiempo está hablando contigo.

Biff. — ¿Qué dice de mí?

Happy. — No puedo entenderle.

Biff. — ¿Qué dice de mí?

HAPPY. — Creo que verte todavía sin nada fijo, un poco en el aire...
BIFF. — Hay otras cosas que le deprimen, Happy.
HAPPY. — ¿Qué quieres decir?
BIFF. — Nada, nada. Pero no lo atribuyas todo a mí.
HAPPY. — De todos modos, creo que si tú empezaras a pisar terreno firme... Es decir, ¿hay allí algún porvenir para ti?
BIFF. — Te he dicho, Hap, que no sé en qué consiste el porvenir. No sé... qué es lo quieren que quiera.
HAPPY. — ¿Qué quieres decir?
BIFF. — Bien, cuando dejé la segunda enseñanza, pasé seis o siete años buscándome. Empleado en una compañía naviera, viajante, este o aquel negocio. Y es una vida muy ruin. Meterse en el subterráneo en esas calurosas mañanas de verano... Dedicar todo tu tiempo a ordenar artículos, hablar por teléfono, comprar o vender... Sufrir durante cincuenta semanas del año para disfrutar de dos semanas de vacaciones, cuando lo que tú verdaderamente quieres es la vida al aire libre, con tu camisa fuera... Y siempre tratando de dejar atrás al que tienes a tu lado... Y, sin embargo, es así como se edifica un porvenir.
HAPPY. — Bien, pero, ¿estás verdaderamente contento en una granja? ¿Lo pasas bien allí?
BIFF *(con agitación creciente)*. — Hap, he tenido veinte o treinta colocaciones distintas desde que salí de casa antes de la guerra y siempre me ha pasado lo mismo. Lo he comprendido últimamente. En Nebraska, cuando cuidaba ganado, en los Dakotas, en Arizona y, ahora, en Texas. Creo que por eso he venido a casa, porque lo he comprendido. En esa granja en la que trabajo, es ahora primavera, ¿sabes? Y tienes unos quince nuevos potrillos. No hay nada más enternecedor y bonito que una yegua con su potrillo recién nacido. Y el clima es ahora fresco allí, ¿sabes? Texas es fresco ahora; es primavera. Y siempre que llega la primavera al sitio donde estoy, tengo repentinamente, ¡Cristo!, la impresión de que no voy a

ninguna parte. ¿Qué demonios estoy haciendo, entreteniéndome con caballos, a veintiocho dólares semanales? Tengo treinta y cuatro años y debería estar creándome un futuro. Tal es el motivo de que viniera corriendo a casa. Y ahora, una vez aquí, no sé qué hacer. *(Tras una pausa.)* Siempre me he propuesto no perder mi tiempo y, cada vez que vengo aquí, comprendo que lo único que he hecho en la vida es perderlo.
Happy. — Tú eres un poeta. ¿Lo sabías, Biff? Eres un... Eres un idealista.
Biff. — No, estoy en una confusión espantosa. Tal vez debiera casarme. Tal vez debiera aferrarme a algo. Tal vez sea ése todo mi problema. Soy como un chico. No estoy casado, no tengo ninguna profesión... No soy más que un chiquillo. ¿Tú estás contento, Hap? Tú estás prosperando, ¿verdad? ¿Estás contento?
Happy. — ¡Cristo, no!
Biff. — ¿Por qué? Estás ganando dinero, ¿no?
Happy *(agitándose con energía, muy expresivo)*. — Lo único que puedo hacer ahora es esperar a que se muera el jefe de compras. Y supongamos que llegue a jefe de compras... El hombre es un buen amigo mío y hace muy poco tiempo construyó una hermosa casa en Long Island. Vivió allí unos dos meses y la vendió; ahora, se está construyendo otra. No puede disfrutar de la casa una vez que la acaba. Y es eso exactamente lo que me pasaría a mí. No sé, sencillamente, para qué estoy trabajando. A veces, me siento en mi departamento, a solas, y pienso... Pienso en la renta que pago. Y es estúpido. Pero resulta que es eso lo que siempre he querido. Tener mi departamento propio, un coche y mujeres en abundancia. Pero, pese a todo, maldita sea, me siento solo...
Biff *(con entusiasmo)*. — Oye, ¿por qué no vienes al Oeste conmigo?
Happy. — Tú y yo, ¿eh?
Biff. — Sí. Podríamos comprar un rancho. Tener ga-

nado, utilizar nuestros músculos. Los hombres vigorosos como nosotros deberían trabajar al aire libre.

Happy *(ávidamente).* — Los hermanos Loman, ¿eh?

Biff *(con mucha emoción).* — Eso mismo. ¡Seríamos conocidos en todos los condados!

Happy *(dominado).* — Con eso sueño, Biff. A veces, tengo ganas de quitarme la chaqueta en medio de la tienda e imponerme a puñetazos a ese maldito jefe de compras. Es decir, puedo ganar a boxeo, a carrera, a salto, a cualquiera de la firma y, sin embargo, tengo que recibir órdenes de esos ínfimos hijos de perra que ya no puedo más...

Biff. — Mira, chico, si tú estuvieras conmigo allí, yo sería feliz.

Happy *(entusiasmado).* — Mira, Biff, todos los que me rodean son tan falsos que siempre estoy a ras del suelo, muy por debajo de mis ideales...

Biff. — Chiquito, juntos nos apoyaríamos mutuamente, tendríamos a alguien en quien confiar.

Happy. — Si yo estuviera a tu lado...

Biff. — Hap, el fastidio es que no hemos sido hechos para ganar dinero. Yo no sé cómo hacerlo.

Happy. — Tampoco yo lo he sabido nunca.

Biff. — Entonces, vayámonos...

Happy. — Lo que pasa es... ¿Qué se puede hacer allí?

Biff. — Pero mira a tu amigo... Se construye una casa y no tiene la tranquilidad necesaria para vivir en ella.

Happy. — Sí, pero, cuando entra en el almacén, el mar se abre a su paso. Son cincuenta y dos mil dólares al año que entran por la puerta giratoria y, sin embargo, yo tengo más en mi dedo meñique que él en su cabeza.

Biff. — Sí, pero, según acabas de decir...

Happy. — Tengo que demostrar a esos jefes pomposos y engreídos que Hap Loman vale más que ellos. Quiero entrar en el almacén como entra ese hombre. Luego, me iré contigo, Biff. Estaremos juntos, te lo juro. Pero recuerda a las dos de esta noche ¿Verdad que eran guapísimas?

Biff. — Sí, sí... Las más guapas que he tenido en años.

Happy. — Las consigo así siempre que quiero, Biff. Siempre que me siento asqueado. El único fastidio es que resulta como jugar a los bolos o algo semejante. Ando con unas y otras y nada significan para mí. Tú seguirás juergueándote, ¿verdad?

Biff. — No... Me gustaría encontrar una chica... buena, a alguien con algo adentro.

Happy. — Eso es lo que yo también quiero.

Biff. — ¡Vamos! Jamás aparecerías por casa.

Happy. — Te equivocas. ¡Alguien con personalidad, con aguante! Alguien como mamá, ¿sabes? Me vas a llamar cualquier cosa cuando sepas esto. Esa chica, Charlotte, con la que estaba esta noche, va a casarse dentro de cinco semanas. *(Se prueba su sombrero nuevo.)*

Biff. — ¡No puede ser!

Happy. — Así es, te lo aseguro. Él va camino de ser vicepresidente de la firma. No sé lo que suele pasar en mi interior; tal vez sea un sentido de la competencia demasiado desarrollado o algo por el estilo, pero lo cierto es que he echado a esa chica a perder y, además, no sé cómo desprenderme ahora de ella. Y es al tercer hombre de la firma a quien he hecho eso. ¿No es linda la cosa? Y, para colmo, voy a ir a la boda... *(Con indignación, pero riéndose.)* Es como eso de los sobornos. Los fabricantes me ofrecen de cuando en cuando un billetito de cien dólares para que envíe tal o cual pedido en su dirección. Tú sabes qué honrado soy, pero es exactamente como lo de esta chica. Me reprocho con toda el alma lo que hago. Porque no quiero a la chica y, sin embargo, la tomo... y me gusta hacerlo.

Biff. — Durmamos.

Happy. — Total, nada hemos arreglado, ¿verdad?

Biff. — Se me ha ocurrido algo que voy a intentar.

Happy. — ¿Qué es?

Biff. — ¿Te acuerdas de Bill Oliver?

Happy. — Desde luego. Oliver es ahora un personaje. ¿Quieres trabajar con él otra vez?

Biff. — No, pero, cuando me despedí, me dijo una cosa. Me echó el brazo al hombro y me dijo: "Biff, si alguna vez me necesita, acuda a mí".

Happy. — Lo recuerdo. Eso es muy bueno.

Biff. — Creo que iré a verle. Si pudiera conseguir diez mil dólares o incluso solamente siete u ocho mil, podría comprarme un hermoso rancho.

Happy. — Apostaría cualquier cosa a que te ayuda. Porque tenía muy buen concepto de ti, Biff. Todos lo tienen. Se te quiere bien, Biff. Por eso te digo que vuelvas aquí y compartamos el departamento. Y, desde luego, Biff, siempre que necesites una nena...

Biff. — No, con un rancho, haría el trabajo que me agrada y, al mismo tiempo, sería alguien. Pero estoy pensando.. Me pregunto si Oliver cree todavía que fui yo quien hurtó aquella caja de pelotas.

Happy. — ¡Oh! Probablemente, eso lo ha olvidado hace tiempo. Fue hace casi diez años. Eres demasiado sensible. En todo caso, no te despidió.

Biff. — Bien, creo que iba a hacerlo. Creo que ésa es la razón de que yo renunciara. Pero qué, pese a todo, tenía muy buena opinión de mí. Era el único al que dejaba cerrar el comercio.

Willy (abajo). — ¿Vas a limpiar el motor, Biff?

Happy. — Sss...

Biff *mira a* Happy, *quien mira hacia abajo, escuchando.* Willy *está farfullando en la sala.*

Happy. — ¿Oyes?

Escucha. Willy *se ríe cordialmente.*

Biff (*enfadándose*). — ¿Es que no se da cuenta de que mamá puede oírle?

Willy. — ¡No te manches el suéter, Biff!

Hay una expresión dolorosa en el rostro de Biff.

Happy. — ¡Es terrible! No te irás de nuevo, ¿verdad?

Ya encontrarás aquí una colocación. Tienes que quedarte aquí. No sé qué hacer con él; está poniéndose muy fastidioso.

WILLY. — ¡Qué trabajo más excelente!

BIFF. — ¡Mamá estará oyendo eso!

WILLY. — ¡No digas, Biff! ¿Vas a salir con una chica? ¡Magnífico!

HAPPY. — Duerme. Pero háblale mañana. ¿Le hablarás?

BIFF *(metiéndose de mala gana en la cama)*. — Con ella en casa... ¡Hap...!

HAPPY *(metiéndose en la cama)*. — Me gustaría que te explayaras con él.

La luz del cuarto de los chicos comienza a desvanecerse.

BIFF *(hablando para sí, en la cama)*. — Ese egoísta, estúpido...

HAPPY. — Sss. Duerme, Biff.

La luz de su cuarto se ha extinguido. Antes de que hayan acabado de hablar, se percibe vagamente, en la cocina a oscuras, la forma de WILLY. *Éste abre la heladera, busca en ella y saca una botella de leche. Las casas de departamentos se desvanecen y toda la casa y sus alrededores se cubren de hojas. Mientras las hojas aparecen, se insinúa la música.*

WILLY. — Pero ten cuidado con esas chicas, Biff; es lo único que debo decirte. No prometas nada. Nada le promesas. Porque las chicas, ¿sabes?, siempre creen lo que se les dice y tú eres muy joven, Biff, demasiado joven para hablar seriamente con ellas.

La cocina se va iluminando. WILLY, *hablando, cierra la heladera y avanza hasta la mesa de la cocina. Se sirve leche en un vaso. Está totalmente ensimismado y sonríe levemente.*

WILLY. — Demasiado joven, Biff. Tienes antes que cuidar tus estudios. Luego, cuando estés totalmente formado, habrá chicas de sobra para un muchacho como tú. *(Dedica una amplia sonrisa a una de las sillas.)* ¿Qué dices? ¿Que las chicas pagan para ir contigo? *(Se ríe.)* Muchacho, necesariamente hay algo en ti que las vuelve locas.

Gradualmente, WILLY se dirige, de modo físico, a un punto fuera del escenario. Habla a través de la pared de la cocina y su voz ha adquirido el volumen de una conversación normal.

WILLY. — Me había estado preguntando por qué limpiabais el coche con tanto cuidado. ¡Ah! No os olvidéis de los cubos de las ruedas, muchachos. Pasad la gamuza por los cubos. Happy, emplea papel de periódico para las ventanillas; es lo más fácil. ¡Enséñale cómo se hace, Biff! ¿Ves? Forma una almohadilla de papel. Así, así se hace... Lo estás haciendo muy bien, Hap... *(Hace una pausa moviendo la cabeza en señal de aprobación durante unos segundos; luego, levanta la vista.)* Biff, lo primero que tenemos que hacer cuando tengamos tiempo es cortar esa gruesa rama que avanza sobre la casa. Tengo miedo de que se rompa en una tormenta y caiga sobre el tejado. Te diré cómo hay que hacerlo. La sujetaremos con una cuerda y luego treparemos ahí arriba con un par de sierras. En cuanto acabéis con el coche, muchachos, quiero veros. Tengo una sorpresa para vosotros.

BIFF *(fuera de escenario)*. — ¿Qué es, papá?

WILLY. — No, no, acabad primero. Nunca dejéis nada sin terminar; recordad esto bien. *(Mira hacia los "grandes árboles".)* Biff, allí en Albany, vi una hermosa hamaca. Creo que voy a comprarla en el próximo viaje para colgarla ente los dos olmos. ¿No será algo muy lindo? Mecerse ahí, bajo esas ramas... Muchachos, eso sería...

El joven BIFF y el joven HAPPY aparecen por el lugar al que WILLY dirige su voz. HAPPY trae unos trapos y un balde de agua. BIFF, que lleva un suéter con una gran "S", trae una pelota de fútbol.

Biff *(señala hacia el coche invisible).* — ¿Qué te parece, papá? Cualquiera diría que somos profesionales.

Willy. — Magnífico. Esplendida tarea, muchachos. Habéis trabajado bien, Biff.

Happy. — ¿Dónde está la sorpresa, papá?

Willy. — En el asiento de atrás del coche.

Happy *(que sale corriendo).* — ¡Voy!

Biff. — ¿Qué es, papá? Dime, ¿qué has comprado?

Willy *(riéndose, le boxea).* — Nada, nada; algo que quiero que tengas.

Biff *(que se vuelve y grita).* — ¿Qué es, Hap?

Happy *(fuera del escenario).* — ¡Un saco de boxeo!

Biff. — ¡Oh, papá!

Willy. — Y es uno con la firma de Gene Tunney.

Happy *entra corriendo con el saco.*

Biff. — Dime, ¿cómo sabías que queríamos esto?

Willy. — Bien, es lo mejor para estar a punto.

Happy *(tendido boca arriba y pedaleando en el aire).* — Estoy perdiendo peso... ¿Lo has advertido, papá?

Willy *(a* Happy*).* — También es muy bueno saltar a la cuerda.

Biff. — ¿Has visto mi nuevo balón?

Willy *(examinando el balón).* — ¿Cómo has conseguido un balón nuevo?

Biff. — El preparador me dijo que practicara pases.

Willy. — ¿Sí? Entonces, ¿fue él quien te dio el balón?

Biff. — Bien, lo saqué del vestuario. *(Se ríe confidencialmente.)*

Willy *(riéndose con su hijo del hurto).* — Tienes que devolverlo.

Happy. — Ya te dije que no le gustaría.

Biff *(con enfado).* — ¡Bueno, hombre, ya lo devolveré!

Willy *(parando la incipiente discusión, a* Happy*).* — Claro claro... Tiene que practicar con un balón de reglamento ¿no es así? *(A* Biff*.)* Probablemente el preparador te felicitará por tu iniciativa.

Biff. — ¡Oh! Siempre me está felicitando por mis iniciativas, papá.

WILLY. — Eso es porque te quiere. Si algún otro hiciera eso, habría una marimorena. ¿Veis lo que es el distinguirse, muchachos?

BIFF. — ¿Dónde has estado esta vez, papá? Te hemos echado muy de menos...

WILLY *(halagado, echa un brazo encima de cada uno de sus hijos y baja con ellos al tablado)*. — Me habéis echado muy de menos, ¿eh?

BIFF. — A todas horas.

WILLY. — ¡No digas! Voy a deciros un secreto, muchachos. No se lo contéis a nadie. Algún día tendré mi propio negocio y ya nunca saldré de casa.

HAPPY. — ¿Como tío Charley, entonces?

WILLY. — Algo más importante que lo de tío Charley. Porque a Charley no se le quiere. Bueno, se le quiere, pero no se le quiere... bien.

BIFF. — ¿Dónde has estado esta vez, papá?

WILLY. — Bien, una vez en la carretera, fui hacia el norte, hasta Providence. Visité al alcalde.

BIFF. — ¡Al alcalde de Providence!

WILLY. — Estaba sentado en el vestíbulo del hotel.

BIFF. — Y, ¿qué dijo?

WILLY. — Dijo: "Buenos días". Y yo le dije: "Tiene usted una linda ciudad, alcalde". Y luego tomó un café conmigo. Después, fui a Waterbury. Es otra linda ciudad. Con un gran reloj, el famoso reloj de Waterbury. Vendí mucho allí. Luego a Boston, la cuna de la Revolución. También es muy linda. Luego, visité otras dos ciudades de Massachussetts, fui a Portland y Bangor y, en seguida, derechamente a casa.

BIFF. — ¡Ah! Cuánto me gustaría ir contigo alguna vez, papá.

WILLY. — En cuanto llegue el verano.

HAPPY. — ¿Nos lo prometes?

WILLY. — Iremos los tres y os enseñaré las ciudades. Norteamérica está llena de hermosas ciudades y de personas de pro. Y todos me conocen, muchachos; no hay nadie que no me conozca en Nueva Inglaterra. Las personas más destacadas son amigas mías. Y cuando os lleve conmigo, veréis cómo hay una especie de "sésamo, ábrete" para los tres. Porque hay una cosa indiscutible, muchachos, tengo muchos amigos. Puedo dejar el coche en cualquier calle de Nueva Inglaterra; los vigilantes lo cuidarán como si fuera el suyo. Este verano, ¿verdad, muchachos?

BIFF y HAPPY *(a la vez)*. — ¡Sí, sí! Desde luego.
WILLY. — Llevaremos nuestros trajes de baño.
HAPPY. — Nosotros llevaremos tus maletas, papá.
WILLY. — ¡Oh, eso será formidable! Yo entrando en los comercios de Boston con vosotros llevándome las maletas... ¡Será sensacional!

BIFF *se mueve por el tablado, practicando pases*.

WILLY. — ¿Estás nervioso, Biff, con ese partido?
BIFF. — No, si vas a estar allí.
WILLY. — ¿Qué dicen de ti en el colegio, ahora que te han hecho capitán?
HAPPY. — Siempre está rodeado de chicas cuando cambian las clases...
BIFF *(tomando la mano de* WILLY). — Este sábado, papá, este sábado... En tu honor voy a lanzarme a través de las defensas y hacer un lindo tanto.
WILLY. — Ya sabes que tienes que pasar.
BIFF. — Esto será en honor de mi papá. Estate atento, papá, cuando veas que me quito el casco, será señal de que voy a lanzarme. Verás cómo me llevo todo por delante y alcanzo la línea.
WILLY *(que da un beso a* BIFF.) ¡Oh! Esto tengo que contarlo en Boston...

Entra BERNARD, *con pantalones bombachos. Es más joven que* BIFF, *aplicado y leal, y revela preocupación*.

BERNARD. — Biff. ¿Dónde estás? Ya sabes que tienes que estudiar hoy conmigo.
WILLY. — Hombre, mirad a Bernard... ¿Por qué tienes ese aspecto tan anémico, Bernard?
BERNARD. — Tiene que estudiar, tío Willy. Tiene examen ante el rector la semana que viene.

Happy (*provocando, saltando alrededor de* Bernard).
— Vamos a boxear, un poco, Bernard...

Bernard. — Biff. *(Se aparta de* Happy.*)* Escucha, Biff, he oído al señor Birnbaum decir que, si no estudias matemáticas, te suspenderá y no podrás graduarte. ¡Se lo he oído!

Willy. — Vale más que vayas a estudiar con tu primo, Biff. Vete ahora...

Bernard. — Se lo he oído.

Biff. — ¡Ah, papá! No has visto mis zapatos de juego. *(Levanta un pie para que* Willy *los vea.)*

Willy. — ¡Vaya! ¡Qué bien están hechas las letras!

Bernard (*limpiándose los lentes*). — ¡El que se lea en sus zapatos Universidad de Virginia no significa que le van a dar el título, tío Willy!

Willy (*enfadado*). — ¿De qué estás hablando? ¿Cómo quieres que le suspendan con becas para tres universidades?

Bernard. — Pero yo he oído al señor Birnbaum decir...

Willy. — No seas pesado, Bernard. *(A sus hijos.)* Miren a este anémico.

Bernard. — Muy bien, te espero en mi casa, Biff.

Bernard *se va. Los* Loman *se ríen*.

Willy. — Estoy seguro de que a Bernard no se le quiere, ¿verdad?

Biff. — Se le quiere, pero no se le quiere... bien.

Happy. — Eso es, papá.

Willy. — Y eso es lo que quiero decir. Bernard puede sacar las mejores notas del colegio, ¿comprendéis?, pero, cuando se dedique a los negocios, ¿comprendéis?, le vais a dejar muy atrás. Tal es el motivo de que dé gracias a Dios de que os haya hecho unos Adonis. Porque, en el mundo de los negocios, quien sale adelante es aquel que causa impresión, que tiene una personalidad interesante. Aquí me tenéis a mí, por ejemplo. Yo nunca tengo que esperar para ver a un comprador. "Willy Loman está aquí..." Es todo lo que necesitan saber. Y yo entro derechamente.

BIFF. — ¿Les dejaste turulatos, papá?

WILLY. — Me les metí en el bolsillo en Providence, conquisté Boston...

HAPPY (*de nuevo de espaldas y pedaleando en el aire*). — Estoy perdiendo peso. ¿Lo has advertido, papá?

Entra LINDA, *como era antes, con una cinta en el pelo, llevando una cesta de colada.*

LINDA (*con energía juvenil*). — ¿Qué tal, Willy?

WILLY. — ¿Qué tal, chiquita?

LINDA. — ¿Cómo ha andado el Chevrolet?

WILLY. — El Chevrolet, Linda, es el mejor coche que se haya construido jamás. (*A los chicos.*) ¿Desde cuándo vuestra madre tiene que subir la ropa lavada por las escaleras?

BIFF. — ¡Agarra por ese lado, muchacho!

HAPPY. — ¿Adónde, mamá?

LINDA. — Colgarla en las cuerdas. Y baja en seguida donde tus amigos, Biff. El sótano está lleno de chicos. Y no saben qué hacer...

WILLY (*riéndose muy satisfecho*). — Baja y diles lo que tienen que hacer, Biff.

BIFF. — Mira, voy a hacer que barran el cuarto de la estufa.

WILLY. — Buena idea, Biff.

BIFF (*que va, a través de la pared de la cocina, a una puerta del fondo y llama a los de abajo*). — ¡Muchachos! ¡Todo el mundo a barrer el cuarto de la estufa! ¡Bajo en seguida!

VOCES. — ¡Muy bien! De acuerdo, Biff.

BIFF. — ¡George, Sam, Frank...! ¡En seguida, vamos! ¡Estamos colgando la ropa! ¡Vamos, Hap, entre los dos! (BIFF *y* HAPPY *se llevan la cesta.*)

LINDA. — ¡Cómo le obedecen!

WILLY. — Bien, es la educación que les damos. Eso es. Estaba vendiendo por valor de miles y miles, pero tenía que volver a casa.

LINDA. — ¡Oh! Toda la manzana interviene en el juego... ¿Vendiste algo?

WILLY. — Vendí por quinientos en Providence y por setecientos en Boston.

LINDA. — ¡No! Espera un momento; tengo un lápiz. *(Saca un lápiz y un papel del bolsillo de su delantal.)* Eso supone que tu comisión es... ¡Doscientos dólares, cielos! ¡Doscientos doce dólares!

WILLY. — Bien, no todo es en firme, pero...

LINDA. — ¿Cuánto vendiste?

WILLY. — Bien, vendí... unos ciento ochenta dólares en Providence. Bueno, no... Vienen a ser... poco más o menos... unos doscientos dólares en todo el viaje.

LINDA *(sin vacilación)*. — Doscientos dólares... Eso supone... *(Calcula.)*

WILLY. — El fastidio fue que tres de los comercios estaban medio cerrados por inventario. Sin eso, hubiera superado todas las marcas.

LINDA. — Bien, te corresponden setenta dólares y unas monedas. Es un buen trabajo.

WILLY. — ¿Cuánto debemos?

LINDA. — Bien, en primer lugar, dieciséis dólares a cuenta de la heladera.

WILLY. — ¿Por qué dieciséis?

LINDA. — Se rompió la correa del ventilador. Es uno ochenta...

WILLY. — Pero si era nueva...

LINDA. — Bien, el hombre dijo que así eran las cosas. Hasta que funcionan lo suficiente, ¿sabes?

(Pasan a través del muro de la cocina.)

WILLY. — Es de esperar que no nos hayamos cogido los dedos con esa máquina.

LINDA. — ¡Es la más anunciada de todas!

WILLY. — Lo sé, lo sé. Es una buena heladera. ¿Qué más?

LINDA. — Bien, hay noventa y seis de la máquina de lavar. Y el quince tendremos que pagar tres y medio por el aspirador. Luego, está el tejado; quedan por pagar veinte dólares.

WILLY. — Ya no hay goteras, ¿verdad?
LINDA. — No. Han trabajado muy bien. Luego, debes el carburador a Frank.
WILLY. — ¡No pienso pagar a ese individuo! ¡Ese maldito Chevrolet! Deberían prohibir la fabricación de ese coche.
LINDA. — Bien, le debes tres y medio. Y con otros picos, se llega a un total de ciento veinte para el quince.
WILLY. — ¡Ciento veinte dólares! ¡Cristo! Si no hay más actividad en los negocios, no sé qué vamos a hacer.
LINDA. — Bien, la semana que viene venderás más.
WILLY. — ¡Oh! Voy a apabullarlos la semana que viene. Iré a Hartford. Me quieren mucho en Hartford. ¿Sabes, Linda? El fastidio es que me hace el efecto de que la gente no me toma en serio.

Pasan al proscenio.

LINDA. — ¡Oh, no digas tonterías!
WILLY. — Lo veo en cuanto entro. Se diría que se ríen de mí.
LINDA. — ¿Por qué? ¿Qué motivo tienen para reírse de ti? No hables así, Willy.

WILLY *va hasta el borde del escenario.* LINDA *entra en la cocina y comienza a zurcir medias.*

WILLY. — No sé qué motivos tienen, pero no me hacen caso. Nadie me da importancia.
LINDA. — Si estás trabajando muy bien, querido... Estás ganando setenta a cien dólares por semana.
WILLY. — Pero tengo que trabajar diez y doce horas al día. Otros no sé, pero lo hacen con más facilidad. No sé por qué, pero no puedo callarme... Hablo demasiado. Me deberían bastar unas cuantas palabras. Hay una cosa en Charley. Es un hombre de muy pocas palabras y todos le respetan.
LINDA. — No hablas demasiado. Lo que pasa es que eres más animado.
WILLY *(sonriendo).* — Bien, yo me digo, qué dia-

blos..., que la vida es corta y que unas cuantas bromas... *(Para sí.)* ¡Bromeo demasiado! *(La sonrisa desaparece.)*

LINDA. — ¿Por qué? Eres...

WILLY. — Soy tosco. Debo de tener un aspecto risible, Linda. No te lo dije, pero, por Navidad, cuando fui a visitar a F. H. Stewarts, un vendedor que conozco, en el momento en que iba a verme con el cliente... Bien, le oí decir algo sobre..., la morsa. Y yo... le di una bofetada. No admito eso. Sencillamente, no puedo admitirlo. Pero se ríen de mí. Lo sé.

LINDA. — Willy.

WILLY. — Tengo que vencer eso. Tengo que vencerlo. Tal vez no me vista bien.

LINDA. — Willy, querido, eres el hombre más atrayente del mundo.

WILLY. — ¡Oh, no, Linda!

LINDA. — Para mí, lo eres. *(Breve pausa.)* El más guapo.

Llega de la oscuridad la risa de una mujer. WILLY *no se vuelve pero la risa sigue a través de las palabras de* LINDA.

LINDA. — Y para los chicos, Willy. Pocos hombres son tan idolatrados por sus hijos como tú.

Se oye música, como viniendo de detrás de una cortina. Se ve vagamente a LA MUJER, *que se está vistiendo*.

WILLY *(muy emocionado).* — Eres la mujer más buena que existe, Linda. Una verdadera compañera, ¿sabes? En la carretera... A veces, siento unos deseos locos de abrazarte y comerte a besos.

La risa es ahora muy fuerte y WILLY *va a una zona que se va iluminando, a la izquierda, donde* LA MUJER *ha salido de detrás de la cortina y está de pie, poniéndose el sombrero, mirándose en un espejo y riéndose.*

WILLY. — Porque me siento muy solo, especialmente cuando no vendo y no tengo a nadie con quien hablar. Tengo de pronto la impresión de que ya no venderé nada, de que no podré procurarte una vida decorosa, de que no podré montar un negocio para los chicos. *(Habla a través de la risa de* La Mujer, *una risa que va remitiendo;* La Mujer *coquetea ante el "espejo".)* Hay tantas cosas que quisiera prever...

La Mujer. — ¿A mí? A mí no me previste, Willy. Fui yo quien te escogí.

Willy *(halagado).* — ¿Me escogiste?

La Mujer *(que tiene muy buen aspecto y es de la edad de* Willy*).* — Así es. Yo estaba en mi mesa de trabajo viendo pasar a los vendedores día tras día. Pero ¡tú tienes tan buen humor y lo hemos pasado juntos tan bien! ¿No es así?

Willy. — Cierto, cierto... *(Abraza a* La Mujer.*)* ¿Por qué te vas ahora?

La Mujer. — Son las dos...

Willy. — No, quédate. *(La atrae.)*

La Mujer. — Mis hermanas se escandalizarán. ¿Cuándo vuelves?

Willy. — ¡Oh! Dentro de unas dos semanas. ¿Vendrás conmigo otra vez?

La Mujer. — Te lo prometo. Me has hecho reír mucho y eso es muy bueno para mí. *(Aprieta el brazo de* Willy *y besa a éste.)* Y eres un hombre delicioso.

Willy. — Me escogiste, ¿verdad?

La Mujer. — Así es. Porque eres muy cariñoso. Y tan bromista...

Willy. — Bueno, nos veremos la próxima vez que vuelva a Boston.

La Mujer. — Y yo te pondré en contacto con los compradores.

Willy *(dándole unas palmadas en las nalgas).* — ¡Magnífico! ¡Arriba las posaderas!

La Mujer *(que le da un afectuoso cachete y se ríe).* — Me muero de risa contigo, Willy. (Willy *la agarra repentinamente y la besa con pasión.)* Me vas a matar. Y gracias por las medias. Me gusta tener muchas medias. Bien, buenas noches.

WILLY. — Buenas noches. Y que tengas lindos sueños conmigo...
LA MUJER. — ¡Oh, Willy!

LA MUJER *suelta una carcajada con la que se mezcla la risa de* LINDA. *Ahora, se va iluminando la zona de la mesa de la cocina.* LINDA *está sentada donde estaba, a la mesa de la cocina, pero ahora remienda un par de medias de seda.*

LINDA. — Lo eres, Willy. El más guapo. No tienes ningún motivo para sentirte...
WILLY (*saliendo de la zona de* LA MUJER, *zona que se va oscureciendo, y acercándose a* LINDA). — Voy a solucionar todo, Linda; voy a...
LINDA. — No tienes que solucionar nada, querido. Estás trabajando muy bien, mejor que...
WILLY (*al advertir que* LINDA *está remendando*). — ¿Qué es eso?
LINDA. — Estoy remendando mis medias. ¡Son, tan caras!
WILLY (*enfadado y quitándole las medias*). — No quiero que se remienden medias en esta casa. ¡Tíralas ahora mismo!

LINDA *se mete las medias en el bolsillo.*

BERNARD (*entrando de prisa*). — ¿Dónde está? ¡No estudia nada!
WILLY (*dirigiéndose al proscenio, con gran agitación*). — ¡Tú le facilitarás las soluciones!
BERNARD. — Así lo hago, pero eso no es posible delante del rector. ¡Es un examen oficial del Estado! ¡Podrían detenerme!
WILLY. — ¿Dónde está él? ¡Voy a azotarlo! ¡Voy a azotarlo!
LINDA. — Y valdría más que dejara el fútbol. Willy; no es cosa buena para él.
WILLY. — ¡Biff! ¿Dónde está? ¿Por qué está tan sin frenos?
LINDA. — Es muy atrevido con las chicas, Willy. ¡Todas las madres le tienen miedo!

WILLY. — ¡Voy a azotarlo!
BERNARD. — ¡Está conduciendo el coche sin licencia!
Se oye la risa de LA MUJER.
WILLY. —. ¡Cállate!
LINDA. — Todas las madres...
WILLY. — ¡Cállate!
BERNARD *(alejándose poco a poco, saliendo)*. — El señor Birnbaum dice que es un presuntuoso.
WILLY. — ¡Vete de aquí!
BERNARD. — Si no se disciplina, no aprobará matemáticas. *(Se va.)*
LINDA. — Tiene razón, Willy; debes intervenir...
WILLY *(enfurecido, arremetiendo contra* LINDA*)*. — ¡No le pasa nada al chico! ¿Qué quieres? ¿Que sea un gusano como Bernard? Tiene energías, personalidad...

Mientras WILLY *habla,* LINDA, *casi llorando, sale a la sala.* WILLY *queda solo en la cocina, deprimido, con los ojos muy abiertos. Las hojas han desaparecido. Es de noche otra vez y las casas de departamentos miran desde el fondo.*

WILLY. — Cargado con todo... ¡Qué peso! ¿Qué es lo que hurta? ¿No lo devuelve acaso? ¿Por qué hurta? ¿Qué es lo que le dije? Nunca le he dicho nada que no sea decente...

HAPPY, *en pijama, ha bajado por las escaleras.* WILLY *se da cuenta bruscamente de la presencia del chico.*

HAPPY. — Vamos ya... Ven...
WILLY *(sentándose a la mesa de la cocina)*. — ¡Je...! ¿Por qué tiene que encerar los pisos ella misma? Cada vez que encera los pisos, queda deshecha. ¡Lo sabes!
HAPPY. — Sss... Tómalo con calma. ¿Por qué has vuelto esta noche?
WILLY. — Me llevé un susto espantoso. Estuve a punto de atropellar a un chiquillo en Yonkers. ¿Por qué no me fui con mi hermano Ben a Alaska aquella vez?

¡Ben! Ese hombre era un genio, la encarnación del éxito... ¡Qué equivocación! Me invitó a que le acompañara.

Happy. — Bien, es inútil...

Willy. — ¡Vosotros, chicos! Era un hombre que empezó con el hatillo al hombro y terminó con minas de diamantes...

Happy. — Verdaderamente, me gustaría saber cómo lo hizo.

Willy. — No es nada misterioso. El hombre sabía lo que quería y fue a buscarlo. Eso es todo. Penetró en la selva y salió de ella, a los veintiún años, ya era rico. El mundo es como una ostra. ¡No cabe abrirlo sobre un colchón!

Happy. — Papá, voy a procurarte un retiro. No tienes que trabajar más.

Willy. — ¿Vas a procurarme un retiro con sesenta malditos dólares a la semana? Con tus mujeres, tu coche y tu departamento y ¡me vas a procurar un retiro! ¡Vive Cristo, hoy no pude pasar de Yonkers! ¿Dónde estáis, muchachos, dónde estáis? ¡La casa está ardiendo! ¡No puedo conducir un coche!

Charley *ha aparecido en la entrada. Es un hombre corpulento, de hablar lento, lacónico, impasible. En todo lo que dice, a pesar de lo que dice, hay piedad y, ahora, azoramiento. Lleva una bata sobre el pijama y zapatillas. Entra en la cocina.*

Charley. — ¿Todo anda bien por aquí?

Happy. — Sí, Charley, todo...

Willy. — ¿Qué te pasa?

Charley. — Oí ruido. Creí que sucedía algo. ¿No habrá modo de hacer algo con estas paredes? Si estornudáis aquí, en mi casa vuelan los sombreros.

Happy. — Acostémonos, papá. Vamos.

Charley *hace una seña a* Happy *para que se vaya.*

Willy. — Acuéstate, muchacho; yo no tengo sueño todavía.

HAPPY *(a WILLY)*. — Tomarás las cosas con calma, ¿verdad? *(Sale.)*
WILLY. — ¿Qué haces levantado?
CHARLEY *(sentándose a la mesa de la cocina, frente a WILLY)*. — No puedo dormir. Estoy con acedía.
WILLY. — Es que no sabes comer.
CHARLEY. — Como con la boca.
WILLY. — No; eres un ignorante. Deberías saber algo acerca de las vitaminas y otras cosas así.
CHARLEY. — Vamos, juguemos a las cartas. Cánsate un poco.
WILLY *(vacilando)*. — Muy bien. ¿Tienes cartas?
CHARLEY *(sacando una baraja de su bolsillo)*. — Sí, aquí están. ¿Qué pasa con esas vitaminas?
WILLY *(barajando y repartiendo)*. — Fortifican los huesos. Química.
CHARLEY. — Sí, pero no hay huesos en una acedía.
WILLY. — ¿De qué estás hablando? ¿Sabes una sola palabra del asunto?
CHARLEY. — No te ofendas.
WILLY. — No hables de lo que no sabes absolutamente nada.

Están jugando. Pausa.

CHARLEY. — ¿Qué estás haciendo en casa?
WILLY. — El coche andaba mal.
CHARLEY. — ¡Ah! *(Pausa.)* Me gustaría hacer un viaje a California.
WILLY. — ¡No digas!
CHARLEY. — ¿Quieres un empleo?
WILLY. — Tengo un empleo; ya te lo he dicho. *(Después de una breve pausa.)* ¿Para qué demonios me ofreces un empleo?
CHARLEY. — No te ofendas.
WILLY. — No me ofendas.
CHARLEY. — Esto no tiene sentido. No puedes continuar así.
WILLY. — Tengo un buen empleo. *(Breve pausa.)* ¿Para qué vienes tanto aquí?

CHARLEY. — ¿Quieres que me vaya?
WILLY (*después de una pausa, poniéndose mustio*). — No puedo comprenderlo. Se va otra vez a Texas. ¿Qué diablos significa esto?
CHARLEY. — Déjale que se vaya.
WILLY. — No puedo ofrecerle nada, Charley; absolutamente nada.
CHARLEY. — No se morirá de hambre. Nadie se muere de hambre. Olvida todo lo de ese chico.
WILLY. — ¿Qué es entonces lo que tengo que recordar?
CHARLEY. — Tomas las cosas demasiado a pecho. ¡Al diablo con todo! Cuando rompes un envase, no te devuelven el importe.
WILLY. — Eso es muy fácil de decir para ti.
CHARLEY. — No es fácil de decir para mí.
WILLY. — ¿Has visto el techo que he puesto en la sala?
CHARLEY. — Sí, es un excelente trabajo. Poner un techo es un misterio para mí. ¿Cómo lo haces?
WILLY. — ¿Qué puede importarte?
CHARLEY. — Bien, dímelo.
WILLY. — ¿Es que vas a poner un techo?
CHARLEY. — ¿Cómo quieres que yo pueda poner un techo?
WILLY. — Entonces, ¿por qué demonios me molestas?
CHARLEY. — Ya estás ofendido otra vez.
WILLY. — Un hombre que no sabe coger una herramienta no es un hombre. Eres asqueroso.
CHARLEY. — No me llames asqueroso, Willy.

TÍO BEN, *con una maleta y un paraguas, entra en el proscenio, doblando por la esquina derecha de la casa. Es un hombre impasible, sesentón, con un bigote y aspecto autoritario. Absolutamente seguro de sí mismo, hay en él algo que recuerda lejanas tierras. Entra exactamente en el momento en que habla* WILLY.

WILLY. — Estoy sintiendo un terrible cansancio, Ben.

Se oye la música de BEN. *Éste mira a su alrededor, a todas las cosas.*

CHARLEY. — Muy bien, sigue jugando; así dormirás mejor. ¿Me has llamado, Ben?

BEN *mira su reloj.*

WILLY. — Es curioso. Durante un segundo, me has recordado a mi hermano Ben.

BEN. — Sólo tengo unos minutos. *(Se pasea, inspeccionando el lugar.* WILLY *y* CHARLEY *continúan jugando.)*

CHARLEY. — No volviste a saber nada de él, ¿verdad? Desde aquella vez, ¿no?

WILLY. — ¿Linda no te dijo nada? Hace un par de semanas, tuvimos carta de su mujer, en África. Ha muerto.

CHARLEY. — ¡Ah!

BEN *(con un chasquido de lengua).* — De modo que esto es Brooklyn, ¿eh?

CHARLEY. — Tal vez tengas derecho a alguna parte de su dinero.

WILLY. — No, tuvo siete hijos. Tuve una oportunidad única con ese hombre.

BEN. — Tengo que tomar el tren, William. Hay unos terrenos que me interesan en Alaska.

WILLY. — Sí, sí, sin duda. Si hubiese ido con él a Alaska aquella vez, todo hubiera sido diferente.

CHARLEY. — Quita, quita... Te hubieras helado allí.

WILLY. — ¿De qué estás hablando?

BEN. — Hay unas oportunidades enormes en Alaska, William. Me sorprende que no estés allí.

WILLY. — Sí, sí, tremendas.

CHARLEY. — ¿Qué?

WILLY. — Era el único hombre que he conocido que supiera las soluciones.

CHARLEY. — ¿Quién?

BEN. — ¿Qué tal estáis todos vosotros?

WILLY *(recogiendo una apuesta, sonriendo).* — Muy bien, muy bien.

CHARLEY. — Estás muy listo esta noche.

BEN. — ¿Vive mamá contigo?

WILLY. — No; murió hace tiempo.

CHARLEY. — ¿Quién?

BEN. — ¡Qué pena! Era una buenísima mujer nuestra madre.

WILLY *(a CHARLEY)*. — ¿Qué?

BEN. — Tenía la esperanza de ver a la vieja.

CHARLEY. — ¿Quién murió?

BEN. — ¿Sabes algo de nuestro padre?

WILLY *(excitado)*. — ¿Qué quieres decir con eso de quién murió?

CHARLEY *(tomando una apuesta)*. — ¿De qué estás hablando?

BEN *(mirando en su reloj)*. — ¡William, son las ocho y media!

WILLY *(que, como para salir de su confusión, detiene airadamente la mano de CHARLEY)*. — ¡Esta baza es mía!

CHARLEY. — Yo puse el as...

WILLY. — Si no sabes las reglas del juego, no estoy dispuesto a regalarte mi dinero...

CHARLEY *(levantándose)*. — El as era mío, te lo juro.

WILLY. — ¡Estoy harto! ¡Estoy harto!

BEN. — ¿Cuándo murió nuestra madre?

WILLY. — Hace tiempo. Tú nunca has sabido jugar a las cartas.

CHARLEY *(que recoge la baraja y se dirige hacia la puerta)*. — Muy bien. La próxima vez traeré una baraja con cinco ases.

WILLY. — ¡Yo no conozco esa clase de juego!

CHARLEY *(volviéndose hacia WILLY)*. — Deberías avergonzarte de ti mismo.

WILLY. — ¿Sí?

CHARLEY. — Sí. *(Sale.)*

WILLY *(cerrando la puerta con un portazo tras CHARLEY)*. — ¡Ignorante!

BEN *(mientras WILLY se le acerca a través de la pared de la cocina)*. — ¿De modo que tú eres William?

WILLY *(estrechando la mano de BEN)*. — ¡Ben! ¡Cuánto

tiempo llevo esperándote! ¿Cuál es la fórmula? ¿Cómo lo hiciste?

Ben. — ¡Oh! Es toda una historia.

Linda *entra en el proscenio, como era antes, con la cesta de la colada al brazo.*

Linda. — ¿Es Ben?

Ben *(cortésmente).* — ¿Qué tal estás, cuñada?

Linda. — ¿Dónde has estado todos estos años? Willy siempre preguntaba si tú...

Willy *(apartando a* Ben *de su mujer con impaciencia).* ¿Dónde está papá? ¿No seguiste sus pasos? ¿Cómo iniciaste tu carrera?

Ben. — Bien, no sé hasta dónde llegan tus recuerdos.

Willy. — Bien, yo era un niño pequeñín, desde luego, de apenas tres o cuatro años.

Ben. — Tres años y once meses.

Willy. — ¡Qué memoria, Ben!

Ben. — He emprendido muchas cosas, William, y nunca llevé cuentas.

Willy. — Me veo sentado debajo del carro en... ¿Era Nebraska?

Ben. — Era Dakota del Sur y yo te di un ramillete de flores silvestres.

Willy. — Recuerdo que te alejabas por una carretera.

Ben *(riéndose).* — Iba a Alaska, a unirme con nuestro padre.

Willy. — ¿Dónde está?

Ben. — A aquella edad, yo tenía ideas muy equivocadas sobre la geografía, William. Al cabo de unos días, descubrí que iba hacia el sur y no hacia Alaska. Y terminé en África.

Linda. — África...

Willy. — ¡La Costa de Oro!

Ben. — Principalmente, minas de diamantes.

Linda. — ¡Minas de diamantes!

Ben. — Sí, cuñada. Pero sólo dispongo de unos minutos...

Willy. — ¡No! ¡Chicos, chicos...! *(Aparecen el joven*

BIFF *y el joven* HAPPY.) Escuchad esto. ¡Es vuestro tío Ben, un gran hombre! ¡Cuéntales, Ben!

BEN. — Bien, muchachos, tenía diecisiete años cuando entré en la selva y veintiuno cuando salí de ella. *(Se ríe.)* Y os juro que ya era rico entonces.

WILLY *(a los chicos).* — ¿Comprendéis ahora de qué os hablaba? ¡Pueden suceder las cosas más grandes!

BEN *(mirando en su reloj).* — Tengo que verme con alguien en Ketchikan el martes próximo.

WILLY. — ¡No, Ben! Háblales de papá. Quiero que los chicos te oigan. Yo sólo recuerdo que era un hombre de larga barba, que yo estaba en el regazo de mamá, junto a una hoguera, y que se oía una música.

BEN. — Su flauta. Nuestro padre tocaba la flauta.

WILLY. — Eso es. La flauta; tienes razón.

Se oye nuevamente la música; es una tonada alta y retozona.

BEN. — Nuestro padre era un gran hombre. Partimos de Boston. Metió a toda la familia en el carro y nos llevó país adelante, a través de Ohio, Indiana, Michigan, Illinois y todos los estados del Oeste. Nos parábamos en las ciudades y vendía las flautas que había fabricado en el camino. Un gran inventor, nuestro padre. Con una navajita hacía más dinero a la semana de lo que un hombre como nosotros podría hacer en toda su vida.

WILLY. — Es así como los estoy educando, Ben... Duros, simpáticos, cabales...

BEN. — ¿Sí? *(A* BIFF.*)* Pega aquí muchacho... con toda tu fuerza. *(Se golpea su estómago.)*

BIFF. — ¡Oh, no, señor!

BEN *(adoptando la actitud de un boxeador).* — ¡Vamos, pelea conmigo! *(Se ríe.)*

WILLY. — ¡Vamos, Biff! ¡A él, enséñale!

BIFF. — ¡Muy bien! *(Se pone en guardia y comienza a boxear.)*

LINDA *(a* WILLY*).* — ¿Por qué tienen que pelearse, Willy?

BEN *(boxeando con* BIFF*).* — ¡Muy bien, muchacho! ¡Bravo, muchacho!

WILLY. — ¿Qué te parece, Ben?

HAPPY. — ¡Dale con la izquierda, Biff!

LINDA. — ¿Por qué se pelean?

BEN. — ¡Bravo, muchacho! *(De pronto, avanza, hace una zancadilla a* BIFF*, le derriba y, de pie sobre él, le dirige a un ojo la punta del paraguas.)*

LINDA. — ¡Mira a otro lado, Biff!

BIFF. — ¡Uf!

BEN *(dando unas palmadas en la rodilla de* BIFF*).* — Nunca luches limpiamente con un desconocido, muchacho. Así nunca saldrás de la selva. *(Tomando la mano de* LINDA *e inclinándose.)* Fue un honor y un placer para mí conocerte, Linda.

LINDA *(retirando la mano con frialdad, asustada).* — Que tengas, cuñado, un feliz... viaje.

BEN. — Y que tengas suerte con tus... ¿A qué te dedicas?

WILLY. — A vender.

BEN. — Sí. Bien. *(Saluda con la mano a todos.)*

WILLY. — No. Ben, no quiero que pienses... *(Toma a* BEN *del brazo para mostrárselo.)* Esto es Brooklyn, desde luego, pero también aquí hay buena caza.

BEN. — Verdaderamente...

WILLY. — Sí, sí, también aquí hay serpientes y conejos... Tal es el motivo de que viniera aquí. Y Biff puede derribar cualquiera de estos árboles en un santiamén. ¡Muchachos! Id en seguida ahí, donde están construyendo la casa de departamentos, y retirad un poco de arena. Vamos a reconstruir la escalinata de la entrada ahora mismo. ¡Fíjate en esto, Ben!

BIFF. — ¡Sí, señor! ¡Vamos los dos, Hap!

HAPPY *(mientras él y* BIFF *salen corriendo).* — He perdido peso... ¿Lo has advertido, papá?

Entra CHARLEY *con pantalones bombachos, antes incluso de que los chicos salgan.*

CHARLEY. — Escucha, Willy, si esos chicos siguen cogiendo cosas del edificio en construcción, el guarda va a llamar a los vigilantes.

Linda *(a* Willy*)*. — No le dejes a Biff...

Ben *se ríe ruidosamente.*

Willy. — Si vieras la madera que trajeron a casa la semana última... Una docena por lo menos de piezas de seis por diez; valen sus buenos dineros.

Charley. — Escucha, si ese guarda...

Willy. — Les reñí, desde luego. Pero tengo ahí a un par de temerarios sin miedo a nada.

Charley. — Willy, las cárceles están llenas de temerarios así.

Ben *(dando una palmada en la espalda a* Willy *y riéndose de* Charley*)*. — ¡Y la Bolsa también, amigo!

Willy *(uniendo su risa a la de* Ben*)*. — ¿Dónde tienes el resto de tus pantalones?

Charley. — Mi mujer me los compró.

Willy. — Ahora, todo lo que necesitas es un palo de golf. Con eso, puedes subir e irte a dormir. *(A* Ben.*)* Es un auténtico atleta... Entre él y su hijo Bernard, no son capaces de clavar un clavo.

Bernard *(que entra corriendo)*. — ¡Un vigilante está persiguiendo a Biff!

Willy *(enfadado)*. — ¡Calla esa boca! ¡No está robando nada!

Linda *(alarmada, corriendo hacia la izquierda)*. — ¿Dónde está? ¡Biff, querido! *(Sale.)*

Ben. — Muchacho de nervio. ¡Buena cosa!

Willy *(riéndose)*. — ¡Oh, tiene unos nervios de hierro ese Biff!

Charley. — Yo no sé lo que pasa. Mi viajante de Nueva Inglaterra vuelve sin haber hecho nada de fundamento. Está deshecho.

Willy. — ¡Hay que tener relaciones, Charley! Yo tengo muchos amigos.

Charley *(sarcásticamente)*. — Me alegra saberlo, Willy. Ven luego; jugaremos un poco al casino. Me quedaré con algo de tu dinero de Portland. *(Se ríe de* Willy *y sale.)*

Willy (*volviéndose hacia* Ben). — Los negocios andan muy mal. No pueden andar peor. Pero no para mí, desde luego.

Ben. — Voy a detenerme aquí cuando emprenda el regreso a África.

Willy (*con ansia*). — ¿No podrías quedarte unos cuantos días? Eres tú precisamente lo que necesito, Ben, porque yo... Bien, yo tengo aquí una excelente posición, pero... Bien, papá nos dejó cuando yo era una criatura y nunca tuve oportunidad de hablar con él; todavía me siento... Bueno, como si todo lo mío fuera algo transitorio.

Ben. — Voy a perder el tren.

Están en los extremos opuestos del escenario.

Willy. — Ben, mis chicos... ¿No podríamos hablar? Son capaces de arrojarse al fuego por mí, ¿comprendes?, pero...

Ben. — William, estás haciendo una magnífica labor con esos muchachos. Son chicos extraordinarios, con un vigor viril...

Willy (*aferrándose a estas palabras*). — ¡Oh, Ben, no sabes qué satisfacción me causa oírte! Porque, a veces, tengo miedo de no enseñarles lo conveniente. Ben, ¿cómo podría enseñarles?

Ben (*acentuando mucho las palabras y con una especie de audacia violenta*). — William, cuando entré en la selva tenía diecisiete años. Cuando salí de allí tenía veintiuno. Y, Cristo, te aseguro que era ya rico. (*Desaparece en las sombras, doblando por la esquina derecha de la casa*).

Willy. — ...era ya rico. ¡Es ése precisamente el espíritu que quiero imbuir a los chicos! ¡Entrar en la selva! ¡Tenía razón! ¡Tenía razón! ¡Tenía razón!

Ben *se ha ido, pero* Willy *sigue todavía hablándole cuando* Linda, *en camisón y bata, entra en la cocina, mira en busca de* Willy, *va luego a la puerta de la casa, mira fuera y le ve. Se le acerca por la izquierda.* Willy *mira a su esposa.*

Linda. — ¿Willy, querido? ¿Willy?

Willy. — ¡Tenía razón!

Linda. — ¿Tomaste un poco de queso? (Willy *no puede contestar.*) Es muy tarde, querido. ¿No vienes a la cama?

Willy (*mirando hacia arriba*). — Hay que romperse el cuello para ver una estrella en este patio.

Linda. — ¿Vienes?

Willy. — ¿Qué pudo suceder con aquel reloj del diamante? ¿Recuerdas? ¿Cuando Ben vino de África aquella vez? ¿No me regaló un reloj con un diamante?

Linda. — Lo empeñaste, querido. Hace doce o trece años. Para el curso de radio por correspondencia de Biff.

Willy. — Sí, fue una linda cosa. Voy a pasear un poco.

Linda. — Pero si estás en zapatillas...

Willy (*iniciando su paseo alrededor de la casa, hacia la izquierda*). — ¡Tenía razón! ¡Claro que sí! (*Dirigiéndose a medias a* Linda, *mientras sigue su marcha, meneando la cabeza.*) ¡Qué hombre! He ahí un hombre con el que vale la pena conversar. ¡Tenía razón!

Linda (*llamando a* Willy). — Pero si estás en zapatillas, Willy...

Willy *se ha ido casi cuando* Biff, *en pijama, baja por las escaleras y entra en la cocina.*

Biff. — ¿Qué pasa aquí?

Linda. — Sss...

Biff. — ¡Cielos, mamá! ¿Desde cuándo está haciendo esto?

Linda. — Cállate. Va a oírte.

Biff. — Pero, ¿qué diablos le pasa?

Linda. — Mañana estará bien.

Biff. — ¿No podríamos hacer algo?

Linda. — ¡Oh, hijo mío! Podrías hacer muchas cosas, pero ahora no hay nada que hacer. Vete, pues, a dormir.

Happy *baja por las escaleras y se sienta en los peldaños.*

Happy. — Nunca le oí hablar tan fuerte, mamá.

Linda. — Bien, ven más a menudo por aquí y le oirás. *(Se sienta a la mesa y remienda los forros de la chaqueta de* Willy.*)*

Biff. — ¿Por qué no me escribiste nunca acerca de esto, mamá?

Linda. — ¿Cómo querías que te escribiera? Durante tres meses, no tuve tu dirección.

Biff. — No tenía dirección fija. Pero tú sabes que pensaba todo el tiempo en vosotros. ¿Verdad que lo sabes, mamita?

Linda. — Lo sé, querido, lo sé. Pero le gusta tener carta. Nada más que para saber si existe todavía una posibilidad de cosas mejores.

Biff. — No siempre estará así, ¿verdad?

Linda. — Siempre se pone peor cuando tú vienes a casa.

Biff. — ¿Cuando yo vengo a casa?

Linda. — Cuando tú escribes anunciando tu llegada, es todo sonrisas y habla sobre el futuro. Se siente en la gloria. Luego, a medida que se acerca el momento de tu visita, se pone más nervioso y, finalmente, para cuando llegas, está rezongón y como enfadado contigo. Creo que es eso lo que le trastorna, que no se decide a explayarse contigo. ¿Por qué os odiáis así? ¿Por qué?

Biff *(evasivamente).* — Yo no le odio, mamá.

Linda. — Pero, apenas entras por esa puerta, ya os estáis peleando.

Biff. — No sé por qué es. Quiero cambiar. Estoy tratando de hacerlo, mamá. ¿Comprendes?

Linda. — ¿Vas a quedarte esta vez en casa?

Biff. — No lo sé. Voy a ver cómo están las cosas y qué puedo hacer.

Linda. — Biff, no puedes pasarte toda la vida mirando cómo están las cosas.

Biff. — Es que no puedo atarme a nada, mamá. No consigo crearme una vida.

Linda. — Biff, un hombre no es un pájaro que viene y se va con la primavera.

Biff. — Tu pelo... *(Toca el cabello de su madre.)* Tu pelo está muy gris...

Linda. — ¡Oh, está gris desde tus tiempos de estudiante! Lo que pasa es que he dejado de teñírmelo. Eso es todo.

Biff. — Tíñetelo otra vez... ¿Lo harás? No quiero que mi chiquita parezca vieja. *(Sonríe.)*

Linda. — ¡Qué chiquillo eres! Crees que puedes desaparecer por un año y... Se te tiene que meter en la cabeza la idea de que un día llamarás a esta puerta y te abrirán unos desconocidos.

Biff. — ¿De qué estás hablando? No has cumplido todavía los sesenta, mamá.

Linda. — Pero, ¿tu padre?

Biff *(sin entusiasmo)*. — Bien, también me refería a él.

Happy. — Biff tiene admiración por papá.

Linda. — Biff querido, si no quieres a tu padre, tampoco puedes quererme a mí.

Biff. — Sí puedo, mamá.

Linda. — No. No puedes venir a verme únicamente a mí, porque yo quiero a tu padre. *(A punto de llorar, pero conteniéndose.)* Es para mí el mejor hombre del mundo y no quiero que nadie le haga sentir que está de sobra, que es un ser inútil que a nadie interesa. Tienes que comprender, querido, que ya no habrá más contemplaciones. O es tu padre y le respetas como tal o ya no volverás por aquí. Ya sé que no es fácil entenderse con él —nadie lo sabe mejor que yo—, pero...

Willy *(desde la izquierda, con una risa)*. — ¡Eh, eh, Biff!

Biff *(iniciando la marcha hacia su padre)*. — ¿Qué chifladura es ésa? *(Happy le detiene.)*

Linda. — No... No te acerques a él.

Biff. — ¡Basta de excusarle! ¡Siempre, siempre ha sido duro contigo! Nunca te tuvo ni esto así de respeto.

Happy. — Siempre ha respetado a...

Biff. — ¿Qué sabes tú?

Happy *(ásperamente)*. — ¡No le llames loco!

Biff. — Se abandona por completo. Charley no haría esto. No se dedicaría en su propia casa a soltar cuanto pasa por su cabeza...

Happy. — Charley nunca ha tenido que hacer frente a lo que pasa nuestro padre.

Biff. — Hay gentes más agobiadas que Willy Loman. ¡Me lo podéis creer, porque las he visto!

Linda. — Entonces, que Charley sea tu padre, Biff. Eso no puede ser, ¿verdad? Yo no digo que sea un gran hombre. Willy Loman nunca hizo mucho dinero. Su nombre nunca ha aparecido en los periódicos. No es el mejor carácter del mundo. Pero es un ser humano y le está sucediendo algo terrible. Hay que tener, pues, cuidado. No se puede arrinconarlo para que muera como un perro viejo. Ha llegado el momento de dedicar un poco de atención a este hombre. Le has llamado loco...

Biff. — No he querido decir eso.

Linda. — No, son muchos los que le creen desequilibrado. Pero no hace falta ser muy listo para saber lo que le pasa. El hombre está agotado.

Happy. — Así es.

Linda. — Un hombre del montón puede estar tan agotado como un gran hombre. Trabaja para una compañía durante treinta y seis años, que se cumplirán este marzo, abre a su marca nuevos mercados y, ahora, cuando llega a viejo, le quitan el sueldo.

Happy *(con indignación)*. — Yo no sabía eso, mamá.

Linda. — ¡Nunca me lo preguntaste, querido! Ahora, cuando obtienes en otro sitio el dinero que gastas, ni te molestas en acordarte de él.

Happy. — Pero yo os di dinero...

Linda. — Sí, cincuenta dólares las últimas Navidades.

Para pagar la instalación del agua caliente, que costó noventa y siete cincuenta. Desde hace cinco semanas, está trabajando únicamente a comisión, como un principiante, un desconocido...

BIFF. — ¡Esos cochinos ingratos!

LINDA. — ¿Son acaso peores que sus hijos? Cuando les traía contratos, cuando era joven, estaban muy contentos de verle. Pero, ahora, sus viejos amigos, los antiguos clientes, los que le querían y siempre encontraban un pedido para adjudicárselo en un aprieto, han muerto o se han retirado. En Boston, podía hacer seis y siete visitas por día. Ahora, saca las maletas del coche, las vuelve a meter, las vuelve a sacar y ya no puede más. Ahora, en lugar de caminar, habla. Recorre en automóvil mil kilómetros y, cuando llega allí, nadie le conoce, nadie le da la bienvenida. ¿Y qué pasa por la cabeza de un hombre que ha recorrido mil kilómetros y vuelve a casa sin haber ganado un centavo? ¿Por qué no va a hablar consigo mismo? ¿Por qué? Cuando ha tenido que hablar con Charley y pedirle prestados cincuenta dólares por semana para simular que era su sueldo... ¿Hasta cuándo puedes continuar así? ¿Hasta cuándo? ¿Comprendéis ahora por qué me siento aquí y espero? ¿Y me decís que se abandona por completo el hombre que trabajó todos los días de su vida para vosotros? ¿Cuándo le darán la medalla por este sacrificio? Ésta es su recompensa: mirar a su alrededor a los sesenta y tres años y ver a sus hijos, a los que quiso más que a su vida, convertido el uno en un holgazán mujeriego...

HAPPY. — ¡Mamá!

LINDA. — Ése eres tú, hijo mío... (A BIFF.) ¿Y tú? ¿Qué pasó con el cariño que le demostrabas? ¡Erais tan compañeros! Recuerda cómo le hablabas por teléfono todas las noches... Recuerda qué solo se sentía hasta que podía regresar a casa, junto a ti...

BIFF. — Muy bien, mamá. Viviré aquí, en mi habitación, y obtendré un empleo. Procuraré no acercarme a él, eso es todo.

Linda. — No, Biff. No puedes quedarte aquí para pelearos todo el tiempo.

Biff. — Recuerda que me despachó de esta casa...

Linda. — ¿Por qué lo hizo? Nunca lo supe.

Biff. — Porque yo sé que es un farsante y no quiere tener a su lado a nadie que lo sepa.

Linda. — ¿Por qué un farsante? ¿En qué sentido? ¿Qué quieres decir?

Biff. — Nada más que no es mía toda la culpa. Es algo entre él y yo... No tengo nada más que decir. Contribuiré a la casa en adelante. Le entregaré la mitad de mi sueldo. Estará muy bien. Me voy a la cama... *(Avanza hacia las escaleras.)*

Linda. — No estará muy bien.

Biff *(volviéndose en las escaleras, furiosamente).* — Odio esta ciudad y me quedaré aquí. ¿Qué más quieres?

Linda. — Se está muriendo, Biff.

(Happy *se vuelve hacia su madre, impresionado.*)

Biff *(tras una pausa).* — ¿Cómo que se está muriendo?

Linda. — Ha intentado matarse.

Biff *(horrorizado).* — ¿Cómo?

Linda. — Vivo al día, en angustia permanente.

Biff. — ¿De qué hablas?

Linda. — ¿Recuerdas cómo te escribí que había tenido un nuevo accidente de automóvil? ¿En febrero?

Biff. — ¿Y qué?

Linda. — Vino el inspector de seguros. Dijo que tenían pruebas. Que todos esos accidentes del año último... no eran... accidentes.

Happy. — ¿Cómo pueden decir eso? Es una mentira.

Linda. — Parece que hay una mujer... *(Toma aliento.)*

Biff *(con vivacidad, pero conteniéndose).* — ¿Qué mujer?

Linda *(simultáneamente).* — ...y esta mujer...

Linda. — ¿Qué?

Biff. — Nada. Sigue.

LINDA. — ¿Qué decías?
BIFF. — Nada. Pregunté únicamente qué mujer.
HAPPY. — ¿Qué pasa con esa mujer?
LINDA. — Bien, parece que iba por la carretera y vio el coche de vuestro padre. Dice que no iba de prisa y que no patinó. Dice que cuando vuestro padre llegó a aquel puentecito, se lanzó deliberadamente contra el pretil y que sólo la poca profundidad del agua lo salvó.
BIFF. — ¡Oh, no! Lo probable es que se durmiera de nuevo.
LINDA. — No creo que se durmiera.
BIFF. — ¿Por qué no?
LINDA. — El mes pasado... *(Haciendo un gran esfuerzo.)* ¡Oh, chicos, es tan duro decir una cosa así! Para vosotros, no es más que un viejo estúpido, pero yo os digo que es mejor que muchos otros. *(Tiene un ahogo y se seca los ojos.)* Estaba buscando un fusible, porque se habían apagado las luces. Bajé al sótano. Y detrás de las cajas de fusibles —se había caído—, había un trozo de tubo de goma, un trozo corto...
HAPPY. — ¿Cómo es posible?
LINDA. — Había un enchufe en un extremo. Lo vi muy bien. Y, desde luego, en el fondo del calentador de agua, hay una nueva espita en la tubería del gas.
HAPPY *(enfadado).* — ¡Es inadmisible!
BIFF. — ¿Lo has retirado?
LINDA. — No me atrevo... ¿Cómo puedo hablarle de eso? Todos los días, bajo y retiro ese tubo de goma. Pero, cuando vuestro padre vuelve a casa, lo pongo de nuevo en su sitio. ¿Cómo puedo humillarle así? No sé qué hacer. Vivo al día, hijos míos. Como os digo, sé todo lo que pasa por esa cabeza. Os parecería anticuado y tonto, pero yo os digo que él puso su vida entera en vosotros y vosotros le dais la espalda. *(Se inclina hacia adelante en su silla, llorando, con las manos en el rostro.)* ¡Biff, te lo juro por Dios! ¡Biff, su vida está en tus manos!
HAPPY *(a BIFF).* — ¡Cómo quiere a este estúpido!

Biff *(besando a su madre).* — Basta, mamita, basta. Ya está todo arreglado. He sido un flojo. Lo sé mamá. Pero, ahora, me quedaré y, lo juro, sabré portarme bien. *(Se arrodilla delante de su madre, reprochándose con vehemencia).* — Es que, ¿comprendes, mamá?, no sé cómo encajar en el trabajo. Pero voy a intentarlo. Lo intentaré y verás cómo consigo salir adelante.

Happy. — Claro que lo conseguirás. Lo que a ti te ha pasado en tu trabajo es que nunca has intentado agradar a la gente.

Biff. — Ya lo sé. Voy a...

Happy. — Como cuando trabajaste con Harrison. Bob Harrison decía que eras extraordinariamente capaz y, sin embargo, te dedicaste a hacer tonterías, como la de subir en el ascensor, silbando canciones enteras, al estilo de un payaso.

Biff *(arremetiendo contra* **Happy***).* — ¿Y eso qué? Me gusta silbar de cuando en cuando.

Happy. — No se pone en un puesto de responsabilidad a quien se dedica a silbar en el ascensor.

Linda. — Bien, no discutáis ahora.

Happy. — Como cuando te ibas a nadar en pleno día a la pileta dejando abandonadas tus tareas.

Biff *(cada vez más resentido).* — ¿Es que no haces tú lo mismo? ¿No dejas a veces tu trabajo? ¿Cuando hace un buen día de verano?

Happy. — Sí, pero tomando mis precauciones.

Linda. — ¡Chicos, por favor!

Happy. — Si me tomo un asueto, el jefe puede llamar a cualquier número donde crea posible encontrarme. En todas partes, le jurarán que no estoy. No quisiera decirte esto, Biff, pero, en todos los sitios donde has trabajado, te creen un informal y un extravagante.

Biff *(enfadado).* — ¡Al diablo las oficinas!

Happy. — ¡Muy bien, al diablo! Pero toma tus precauciones.

Linda. — ¡Hap, Hap!

Biff. — ¿Qué me importa lo que piensen? Se han reído de papá durante años y años. ¿Sabes por qué? Porque no estamos hechos para esta asquerosa ciudad. Deberíamos estar mezclando cemento al aire libre o... ser carpinteros. ¡A un carpintero se le permite silbar!

Willy *entra en la escena por la entrada de la casa, a la izquierda.*

Willy. — Hasta tu abuelo fue algo más que un carpintero. *(Pausa. Todos le miran.)* Tú te has quedado en chiquillo. Bernard no silba en un ascensor, te lo aseguro.

Biff *(como riéndose de* Willy*).* — Bien, pero tú sí, papá.

Willy. — ¡Nunca en mi vida silbé en un ascensor! ¿Y quién relacionado con mi trabajo dice que soy un informal?

Biff. — No quise decir nada de eso, papá. No conviertas una tontería en un drama.

Willy. — ¡Vuelve al Oeste! Sé carpintero, vaquero o lo que te dé la gana. Diviértete.

Linda. — Willy, el chico sólo decía...

Willy. — He oído perfectamente lo que ha dicho.

Happy *(tratando de calmar a* Willy*).* — ¡Eh, papá! Mira...

Willy *(interrumpiendo a* Happy*).* — Con que se ríen de mí, ¿eh? Vete a Filene, vete a Hub, vete a Slaterry, en Boston. ¡Pronuncia el nombre de Willy Loman y observa lo que sucede! Un hombre magnífico.

Biff. — Muy bien, papá.

Willy. — ¡Magnífico!

Biff. — Muy bien.

Willy. — ¿Por qué te dedicas siempre a ofenderme?

Biff. — No dije una sola palabra. *(A* Linda.*)* ¿Hablé acaso?

Linda. — No dijo nada, Willy.

Willy *(dirigiéndose a la puerta de la sala).* — Muy bien. Buenas noches, buenas noches...

Linda. — Willy, querido, acaba de decidir...

Willy (*a* Biff). — Si te aburres mañana de no hacer nada, pinta el techo que he puesto en la sala.

Biff. — Voy a salir a primera hora.

Happy. — Va a verse con Bill Oliver, papá.

Willy (*interesado*). — ¿Oliver? ¿Para qué?

Biff (*con cautela, pero esforzándose*). — Siempre dijo que me ayudaría. Quisiera ponerme a trabajar; tal vez consiga su ayuda.

Linda. — ¿No es magnífico?

Willy. — No interrumpas. ¿Qué hay ahí de magnífico? Hay en la City de Nueva York cincuenta hombres que le ayudarían. (*A* Biff.) ¿Artículos de deporte?

Biff. — Algo así. Conozco bastante bien el ramo y...

Willy. — ¡Conozco bastante bien el ramo! Eres más entendido en artículos de deporte que el propio Spalding, ¡por mil diablos! ¿Cuánto va a darte?

Biff. — No lo sé. Todavía no he hablado con él, pero...

Willy. — Entonces, ¿de qué estás hablando?

Biff (*enfadándose*). — Bien, yo no dije más que iba a visitarle. Es todo.

Willy (*volviéndole la espalda*). — Ya estamos otra vez con el cuento de la lechera.

Biff (*dirigiéndose a la izquierda, hacia las escaleras*). — ¡Oh, por Cristo, me voy a dormir!

Willy (*gritando a* Biff). — ¡Nada de juramentos en esta casa!

Biff (*volviéndose*). — ¿Desde cuándo eres tan pulcro?

Happy (*tratando de detener la disputa*). — Por favor...

Willy. — ¡No emplees ese lenguaje conmigo! ¡No lo toleraré!

Happy (*agarrando a* Biff *y gritando*). — ¡Espera un momento! Tengo una idea. Una idea muy factible. Ven aquí, Biff hablemos del asunto; saquemos algo en limpio de todo esto. Cuando estuve en Florida la última vez, tuve una gran idea para vender artículos de deporte. Se me ocurrió de pronto. Tú y yo, Biff, tenemos una especialidad, la de los Loman. Nos preparamos durante un par de semanas y luego hacemos un par de exhibiciones, ¿comprendes?

WILLY. — Es una buena idea.

HAPPY. — Espera... Formamos dos equips de básquet, ¿comprendes? Dos equipos de polo acuático. Jugamos el uno contra el otro. Es una publicidad que vale un millón de dólares. Dos hermanos, ¿comprendes? Los Hermanos Loman. Hacemos una exhibición en el Royal Palms... En todos los hoteles. Y habrá unos gallardetes en cada cancha: "Hermanos Loman". ¡Fíjate si no podríamos vender artículos de deportes! ¡A miles!

WILLY. — Ésa es una idea que vale un millón.

LINDA. — ¡Maravillosa!

BIFF. — Me siento muy en condiciones para hacer eso.

HAPPY. — Y lo bonito, Biff, es que no será un trabajo de oficina. Jugaremos de nuevo al fútbol.

BIFF *(ilusionado)*. — Sí, así es.

WILLY. — Un millón de dólares.

HAPPY. — Y no te cansarás de eso, Biff. Será de nuevo la familia. Será la antigua honrilla, la camaradería, y el día que quieras irte a nadar o hacer cualquier cosa... no tendrás más que hacerlo. No tendrás que vigilar al compañero que quiere dejarte atrás.

WILLY. — Os comeréis al mundo. Los dos chicos juntos os comeréis a todo el mundo civilizado.

BIFF. — Veré a Oliver mañana. Hap, si pudiéramos concretar eso...

LINDA. — Tal vez las cosas comienzan a...

WILLY *(muy ilusionado, apasionado, a* LINDA). — ¿Quieres dejar de interrumpir? *(A* BIFF.) Pero no lleves chaqueta y pantalones de deporte cuando vayas a ver a Oliver.

BIFF. — No, llevaré...

WILLY. — Un traje serio. Y habla lo menos posible. No cuentes chistes.

BIFF. — Me tenía mucha simpatía. Siempre me tuvo.

LINDA. — ¡Ya lo creo que te quería!

WILLY *(a* LINDA). — ¿Quieres callarte? *(A* BIFF.) Entra

muy serio. No vas a pedir un puesto de jovenzuelo. Hay ahí dinero. Muéstrate tranquilo, cortés y serio. A todos agrada un chiquillo, pero nadie le presta dinero.

Happy. — También yo voy a tratar de procurarme alguna cantidad, Biff. Estoy seguro de que podré sacar algún dinero.

Willy. — Preveo que os esperan grandes cosas, muchachos. Creo que vuestros malos tiempos han pasado. Pero recordad esto: comenzad a lo grande y terminaréis a lo grande. Pide quince, Biff. ¿Cuánto piensas pedir?

Biff. — ¡Uf! No sé...

Willy. — Y no digas "Uf". Es una palabra de chico. Un hombre que viene a pedir quince mil dólares no dice "Uf".

Biff. — Creo que diez será bastante.

Willy. — No seas tan modesto. Siempre empezaste con demasiada modestia. Entra riéndote. No te muestres preocupado. Cuenta un par de tus chistes, para poner el ambiente a tono. Lo que importa no es lo que dices, sino cómo lo dices. Lo que cuenta siempre es la personalidad.

Linda. — Oliver siempre tuvo muy buen concepto de Biff...

Willy. — ¿Vas a dejarme hablar?

Biff. — No le grites a mamá, papá ¿quieres?

Willy (*enfadado*). — Yo no hacía más que hablar, ¿no es así?

Biff. — No me gusta que grites a mamá todo el tiempo y te lo digo. Eso es todo.

Willy. — ¿Quién eres tú para mandar en esta casa?

Linda. — Willy...

Willy (*volviéndose hacia* Linda). — ¡No te pongas siempre de su parte, maldita sea!

Biff (*furioso*). — ¡Basta de gritar a mamá!

Willy (*quien repentinamente se muerde los labios, abatido, confesándose culpable*). — Saluda de mi parte a Bill Oliver. Tal vez me recuerde. *(Sale por la puerta de la sala.)*

LINDA *(bajando la voz).* — ¿Para qué tenías que armar esta disputa? (BIFF *se aparta de su madre.)* ¿No viste qué cordial estuvo en cuanto comenzaste a mostrarte animoso? *(Se acerca a* BIFF.) Sube y dale las buenas noches. No le dejes acostarse de ese modo.

HAPPY. — Vamos, Biff, levantémosle el ánimo.

LINDA. — Hazlo, hijo mío. Basta con que le des las buenas noches. ¡Le hace falta tan poco para que se sienta feliz! Ven. *(Sale por la puerta de la sala y llama desde ésta hacia arriba.)* ¡Tu pijama está colgado en el cuarto de baño, Willy!

HAPPY *(mirando hacia el sitio por donde* LINDA *ha salido).* — ¡Qué mujer! ¡Rompieron el molde cuando la hicieron! ¿Sabes, Biff?

BIFF. — Está sin sueldo. ¡Cristo, trabajando a comisión!

HAPPY. — Bien, atengámonos a la realidad; no es un vendedor de empuje. Pero, en ocasiones, hay que confesarlo, es un hombre buenísimo.

BIFF *(decidiéndose).* — ¿Quieres prestarme diez dólares? Voy a comprarme algunas corbatas nuevas.

HAPPY. — Te llevaré a un sitio que conozco. Tienen cosas muy bonitas. Lleva mañana una de mis camisas a rayas.

BIFF. — Mamá tiene todo el pelo gris. Se ha puesto muy vieja. ¡Uf! Voy a ir mañana a ver a Oliver dispuesto a sacarle hasta los tuétanos.

HAPPY. — Ven arriba. Di eso a papá. Démosle ánimos. Ven...

BIFF *(muy animado).* — ¿Sabes? Diez mil dólares, muchacho...

HAPPY *(mientras van a la sala).* — Así se habla, Biff. ¡Es la primera vez que te oigo hablar con tu antigua confianza! *(Desde dentro, con voz que se va debilitando.)* Vas a vivir conmigo, muchacho, y, cuando quieras una nena, no tienes más que decírmelo... *(Las últimas palabras apenas se oyen. Están subiendo por las escaleras al dormitorio de sus padres.)*

Linda *(entrando en el dormitorio y dirigiéndose a Willy, quien está en el cuarto de baño.* Linda *estira la cama para su marido).* — ¿No podrías hacer algo con esa ducha? Gotea.

Willy *(desde el cuarto de baño).* — ¡Todo se cae a pedazos! Esos malditos plomeros deberían ser procesados. Apenas hecha la instalación, cada cosa... *(Sus palabras se pierden.)*

Linda. — Estoy preguntándome si Oliver le recordará. ¿Tú qué crees?

Willy *(saliendo del cuarto de baño con su pijama).* — ¿Recordarle? ¿Qué te pasa? ¿Estás loca? Si se hubiera quedado con Oliver, estaría ahora arriba. Espera a que Oliver le vea. Tú ya te has olvidado del término medio de las gentes. El joven medio de hoy *(Se está metiendo en la cama),* no vale nada. Ha sido una gran cosa para él ver un poco el mundo.

Biff y Happy *entran en el dormitorio. Breve pausa.*

Willy *(que se interrumpe en seco, mirando a* Biff*).* — Me alegra mucho saberlo, muchacho.

Happy. — Biff quería darte las buenas noches, papá.

Willy *(a* Biff*).* — ¡Ah! Cómetelo vivo, muchacho. ¿Qué quieres decirme?

Biff. — Toma las cosas con calma, papá. Buenas noches. *(Se vuelve para marcharse.)*

Willy *(incapaz de contenerse).* — Si se cae algo de la mesa mientras estás conversando con él —un paquete o cualquier otra cosa—, no lo recojas. Hay chicos en la oficina para eso.

Linda. — Os prepararé un buen desayuno...

Willy. — ¿Quieres dejar acabar? *(A* Biff*.)* Dile que tuviste negocios en el Oeste. No le digas que trabajaste en el campo.

Biff. — Muy bien, papá.

Linda. — Creo que todo...

Willy *(interrumpiendo a* Linda*).* — Y no te valores en poco. Ni un centavo por debajo de los quince mil dólares.

Biff *(incapaz de soportar a su padre).* — Muy bien. Buenas noches, mamá. *(Comienza a marcharse.)*
Willy. — Porque hay grandeza en ti, Biff; recuérdalo bien. Estás dotado como ninguno... *(Queda tendido boca arriba, en la cama, agotado.* Biff *sale.)*
Linda *(gritando a* Biff). — ¡Duerme bien, hijo mío!
Happy. — Voy a casarme, mamá. Quería decírtelo.
Linda. — Vete a dormir, querido.
Happy *(yéndose).* — No quería más que decírtelo.
Willy. — Sigue trabajando bien. (Happy *sale.)* ¡Cielos! ¿Recuerdas aquel partido en Ebbets Field? ¿El campeonato de la ciudad?
Linda. — Descansa. ¿Quieres que te cante un poco?
Willy. — Sí. Cántame. (Linda *canturrea suavemente una canción de cuna.)* ¿Recuerdas cuando salió el equipo? Era el más alto...
Linda. — ¡Oh, sí! Y en oro.

Biff *entra en la cocina a oscuras, toma un cigarrillo y deja la casa. Se acerca al proscenio en un círculo de luz dorada. Fuma, mirando a la noche.*

Willy. — Como un joven dios... Hércules o algo así. Y el sol... No había más que sol a su alrededor ¿Recuerdas cómo me saludó con la mano? Desde el mismo campo, con los representantes de tres colegios delante... Los clientes a quienes invité... Y los aplausos cuando salió: ¡Loman, Loman, Loman! Dios Santo, puede ser todavía algo muy grande... Una estrella así, tan magnífica, no puede extinguirse...

La luz que rodea a Biff *se está extinguiendo. El calentador de gas comienza a emitir un resplandor a través del muro de la cocina, cerca de las escaleras. Es una llama azul bajo unos serpentines.*

Linda *(tímidamente).* — Willy, querido, ¿qué tiene contra ti?
Willy. — Estoy muy cansado. No me hables más.

Biff *vuelve lentamente a la cocina. Se detiene y mira hacia el calentador.*

Linda. — ¿Pedirás a Howard que te deje trabajar en Nueva York?

Willy. — Es lo primero que haré mañana. Todo terminará bien.

Biff alarga el brazo detrás del calentador y saca un trozo de tubo de goma. Está horrorizado y mira hacia la habitación de Willy, *todavía tenuemente iluminada y desde la que llegan los acentos del canturreo de* Linda, *a la vez desesperado y monótono.*

Willy. — ¡Uf! Mira la luna entre las casas...

Biff arrolla el tubo en su mano y sube rápidamente por las escaleras.

TELÓN

Segundo acto

Se oye una música alegre y viva. El telón sube mientras la música se desvanece. WILLY, *en mangas de camisa, está sentado a la mesa de la cocina, sorbiendo el café, con el sombrero sobre las rodillas.* LINDA *le llena la taza cuando puede.*

WILLY. — Magnífico café. Vale toda una comida.
LINDA. — ¿Quieres que te haga unos huevos?
WILLY. — No. Descansa un poco.
LINDA. — Pareces otro, querido.
WILLY. — He dormido como un leño. Por primera vez en meses. Imagínate, dormir hasta las diez de la mañana un martes... Los chicos salieron temprano, ¿eh?
LINDA. — Estaban fuera a las ocho.
WILLY. — Eso está bien.
LINDA. — Era tan emocionanate verles salir juntos. No puedo quitar de la casa el olor a loción de afeitar.
WILLY *(sonriendo).* — Mmm...
LINDA. — Biff estaba muy cambiado esta mañana. Parecía muy animado. Estaba impaciente por ir al centro para verse con Oliver.
WILLY. — Ese chico va a cambiar. Es indudable. Lo que pasa es que algunos hombres necesitan más tiempo para... asentarse. ¿Cómo iba vestido?
LINDA. — Con su traje azul. Está guapísimo con ese traje. Puede ser... cualquier cosa.

WILLY *se levanta de la mesa.* LINDA *le sostiene la chaqueta.*

WILLY. — Es indudable, indudable. ¡Uf! Cuando vuelva a casa esta noche, voy a comprar unas semillas.
LINDA *(riéndose).* — Sería maravilloso. Pero ya no da aquí el sol lo suficiente. No crece nada.

WILLY. — Espera un poco, chiquita, y, antes de que termine todo, compraré una casita en el campo y tendremos verduras y pollos...

LINDA. — Lo harás, lo harás, querido.

WILLY *huye de su chaqueta,* LINDA *le sigue.*

WILLY. — Y se casarán y vendrán a pasar con nosotros los fines de semana. Construiré una casita para invitados. Tengo muy buenas herramientas y sólo necesito un poco de madera y tranquilidad de espíritu.

LINDA *(alegremente).* — Te cosí los forros...

WILLY. — Podría construir dos casitas, para que vinieran los dos. ¿Te dijo cuánto pensaba pedir a Oliver?

LINDA *(poniéndole la chaqueta).* — No me lo dijo, pero creo que son diez o quince mil. ¿Vas a hablar hoy con Howard?

WILLY. — Sí. Voy a hablarle con claridad. Tendrá que sacarme de la carretera.

LINDA. — Y, Willy, no te olvides de pedirle un pequeño adelanto, porque tenemos que pagar la cuota del seguro. Estamos ahora en el período de gracia.

WILLY. — ¿Eso es ciento...?

LINDA. — Ciento ocho con sesenta y ocho. Porque estamos otra vez un poco apretados.

WILLY. — ¿Por qué estamos apretados?

LINDA. — Bien, tuviste esas reparaciones en el coche.

WILLY. — Ese maldito Studebaker...

LINDA. — Y hubo un nuevo plazo de la heladera...

WILLY. — Si se acaba de estropear de nuevo...

LINDA. — Bien, es vieja, querido.

WILLY. — Ya te dije que debimos comprar una muy anunciada. Charley compró una General Electric que tiene veinte años y sigue funcionando a la perfección. Ese tipo siempre tiene suerte.

LINDA. — Pero, Willy...

WILLY. — ¿Quién ha oído hablar de una heladera Hastings? Me gustaría poseer una sola vez en la vida algo que no se rompa antes de tiempo. Acabo de terminar el pago del coche y ya ando con averías cada día. La heladera consume correa como si se hubiese vuelto loca. Hacen las cosas así con cálculo. Procuran que sólo duren hasta que se acabe de pagar los plazos.

Linda *(abotonándole la chaqueta mientras él se la suelta).* — Todo junto, con doscientos dólares tendremos bastante, querido. Y queda incluido el último plazo de la hipoteca. Pagado eso, Willy, la casa será totalmente nuestra.

Willy. — ¡Son veinticinco años!

Linda. — Biff tenía nueve años cuando la compramos.

Willy. — Bien, es una gran cosa. Soportar una hipoteca durante veinticinco años es...

Linda. — Toda una hazaña.

Willy. — ¡Cuánto cemento, cuánta madera y cuántas reparaciones he puesto en esta casa! Nadie encontrará una grieta en parte alguna.

Linda. — Bien, ha cumplido su misión.

Willy. — ¿Qué misión? Ahora, cualquier día, vendrá un desconocido a ocuparla. Si por lo menos Biff viniera aquí a constituir una familia... *(Inicia su marcha.)* Adiós; es tarde ya.

Linda *(acordándose repentinamente).* — ¡Oh, me olvidaba! Los chicos han dicho que vas a cenar con ellos.

Willy. — ¿Yo?

Linda. — En el restaurante de Frank, en la Cuarenta y Ocho, cerca de la Sexta Avenida.

Willy. — ¿De veras? ¿Y tú?

Linda. — No, vosotros tres nada más. ¡Te van a dar un gran banquete!

Willy. — ¡No digas! ¿A quién se le ocurrió eso?

Linda. — Biff vino esta mañana y me dijo: "Dile a papá que le vamos a banquetear". Tienes que estar allí a las seis. Cenarás con tus dos chicos.

Willy. — ¡Vaya! He aquí algo que vale la pena. Voy a meterme a Howard en el bolsillo. Conseguiré un adelanto y vendré a casa con un puesto en Nueva York. ¡Voto a bríos! Tú verás cómo lo consigo.

Linda. — Así, así, Willy, con esos ánimos...

Willy. — No volveré a conducir un coche en mi vida.

Linda. — Todo está cambiando, Willy. Lo siento.

Willy. — Sin duda, sin duda. Adiós, es tarde. *(Inicia de nuevo la marcha.)*

Linda *(llamándole, mientras corre hacia la mesa de la cocina en busca de un pañuelo).* — ¿Llevas tus lentes?

Willy *(que se palpa y vuelve a entrar).* — Sí, sí tengo mis lentes.

Linda *(dándole el pañuelo).* — Y un pañuelo.

Willy. — Sí, el pañuelo.

Linda. — ¿Y tu sacarina?

Willy. — Sí, mi sacarina.

Linda. — Ten cuidado en las escaleras del subterráneo.

Le da un beso y se ve que cuelga de su mano una media de seda. Willy *lo advierte.*

Willy. — ¿Quieres dejar de remendar medias? Por lo menos, mientras yo esté en casa. Me pone nervioso. No sabes cómo. Por favor.

Linda *esconde la media en su mano y sigue a* Willy *por el proscenio hasta el frente de la casa.*

Linda. — Recuerda; es el restaurante de Frank.

Willy *(pasando el tablado).* — Tal vez se puedan cultivar ahí remolachas.

Linda *(riéndose).* — Pero si lo has intentado muchas veces...

Willy. — Sí... Bien, no trabajes mucho hoy. *(Desaparece por la esquina derecha de la casa.)*

Linda. — ¡Ten cuidado!

Linda, *queda saludándole con la mano. De pronto suena el teléfono.* Linda *corre a través del escenario, entra en la cocina y atiende la llamada.*

Linda. — ¿Diga?... ¡Oh, Biff, cuánto me alegra que hayas llamado! Acabo... Sí, desde luego, se lo he dicho. Sí, estará a las seis para cenar con vosotros; no me olvidé. Escucha, tenía muchas ganas de decírtelo. ¿Recuerdas ese tubo de goma de que te hablé? ¿El que tu padre conectaba con el calentador de gas? Esta mañana, me decidí por fin a bajar al sótano, retirarlo y destruirlo. Pero ha desaparecido. ¿Te imaginas? ¡Lo ha retirado él mismo! Ya no está allí... *(Escucha.)* ¿Cuándo...? ¡Oh, entonces lo retiraste tú...! ¡Oh, nada! Tuve la esperanza de que hubiera sido él... No, no estoy preocupada, querido, porque ha salido esta mañana muy animado. ¡Era el de antes! Ya no tengo ningún miedo. ¿Has estado con el señor Oliver?... ¡Bien, espera ahí entonces! Y cáusale una buena impresión, querido. No transpires demasiado antes de verle. Y diviértete con papá. ¡También puede llevaros grandes noticias!... Eso es, un puesto en Nueva York. Y sé bueno con él, hijo mío, esta noche. Sé cariñoso. No es más que una barquilla en busca de un puerto. (LINDA *tiembla de pena y alegría*.) ¡Oh, eso es magnífico, Biff! Vas a salvarle la vida. Gracias, querido. Échale el brazo al hombro cuando entre en el restaurante. Sonríele... Así quiero ver a mi chico. ¡Adiós querido!... ¿Tienes tu peine?... Muy bien, muy bien. Adiós, Biff, hijo mío.

En medio de esta conversación, HOWARD WAGNER, *de treinta y seis años, hace rodar una mesita de máquina de escribir en la que hay un aparato grabador y procede a enchufarlo. Está en la parte izquierda del proscenio. La luz, lentamente se desvanece en* LINDA *e ilumina a* HOWARD. *Éste se halla atento a los cordones de su aparato y sólo mira por encima del hombro cuando aparece* WILLY.

WILLY. — ¡Chit, chit...!

HOWARD. — ¡Hola, Willy, entre, entre!

WILLY. — Quisiera hablar un poco con usted, Howard.

HOWARD. — Perdone que le haga esperar. Estaré con usted en seguida.

WILLY. — ¿Qué es eso, Howard?

HOWARD. — ¿Nunca ha visto uno de estos aparatos? Registran lo que se habla.

WILLY. — ¡Ah! ¿Podemos charlar un minuto?

HOWARD. — Lo registran todo. Me lo entregaron ayer. Es la máquina más impresionante que he visto en mi vida. Estoy loco con ella. Me ha entretenido durante toda la noche.

WILLY. — ¿Qué hace usted con ella?

HOWARD. — La he comprado para dictar, pero se puede hacer con ella lo que se quiera. Escuche esto. La llevé a casa anoche. Escuche lo que capté. Primeramente, es mi hija. Mire *(Aprieta el botón y se oye silbar una canción.)* Oiga cómo silba esa chiquilla.

WILLY. — Parece que está presente, ¿verdad?

HOWARD. — Tiene siete años. Observe qué afinación.

WILLY. — Sí, sí... Quisiera pedirle un favor...

Se interrumpe la tonada y se oye la voz de la hija de HOWARD.

LA HIJA. — "Ahora tú, papá".

HOWARD. — Esta chiquilla me adora. *(Se oye de nuevo silbar la misma canción.)* Ése soy yo... ¡Ah! *(Parpadea.)*

WILLY. — ¡Lo hace usted muy bien!

Cesa de nuevo el silbido. El aparato corre silenciosamente durante unos instantes.

HOWARD. — Sss... Oiga usted esto ahora. Es mi hijo.

EL HIJO. — "La capital de Alabama es Montgomery; la capital de Arizona es Phoenix; la capital de Arkansas es Little Rock; la capital de California es Sacramento..." *(Siguen las capitales.)*

HOWARD *(levantando los cinco dedos).* — ¡Cinco años, Willy!

WILLY. — Va a ser un magnífico locutor...

EL HIJO *(continuando).* — "La capital de..."

HOWARD. — ¿Se fija usted? Por orden alfabético... *(La máquina se interrumpe bruscamente.)* Espere un momento. Es la criada que desenchufó el aparato.

WILLY. — Verdaderamente es...

HOWARD. — Sss... por favor...

EL HIJO. — "Son las nueve, hora de Bulova. Tengo que ir a dormir."

WILLY. — Es algo...

HOWARD. — ¡Espere un momento! Ahora, viene mi señora.

Esperan.

LA VOZ DE HOWARD. — "Vamos, di algo" *(Pausa.)* "Bien, ¿vas a hablar?"

SU ESPOSA. — "No se me ocurre nada".

LA VOZ DE HOWARD. — "Bien, habla... El aparato está en marcha."

SU ESPOSA *(tímidamente, encogida).* — "¡Hola!" *(Silencio.)* "¡Oh, Howard, no puedo hablar delante de esto..."

HOWARD *(deteniendo el aparato).* — Era mi señora.

WILLY. — Es un aparato maravilloso. ¿Podríamos...?

HOWARD. — Se lo aseguro, Willy: voy a dejar mis fotografías, mi sierra mecánica y todos mis pasatiempos. Ésta es la diversión más agradable que he conocido.

WILLY. — Voy a ver si yo también me compro uno de esos aparatos...

HOWARD. — Debe usted hacerlo. Sólo cuestan ciento cincuenta. No hay modo de pasarse sin él. Por ejemplo, supongamos que quiere usted oír a Jack Benny. Pero usted no está en casa a esa hora. Dice usted a la doméstica que ponga la radio cuando llegue a Jack Benny y este aparato reproduce automáticamente lo que la radio diga...

WILLY. — Y cuando usted vuelve a casa...

HOWARD. — Usted puede volver a casa a las doce, a la una, a la hora que quiera... Se sirve usted un trago, se instala, pone en marcha el aparato y ahí tiene usted el programa de Jack Benny a mitad de la noche...

WILLY. — Sí, voy a comprarme uno. Porque muchas veces, cuando estoy en la carretera, lamento los programas de radio que estoy perdiendo...

HOWARD. — ¿No tiene usted radio en el coche?

WILLY. — Bien, sí, pero no se piensa en oírla...

HOWARD. — Oiga, por cierto, ¿no tenía que estar hoy en Boston?

WILLY. — De eso quería hablarle, Howard. ¿Tiene usted un minuto libre? *(Saca una silla de entre bastidores.)*

HOWARD. — ¿Qué ha sucedido? ¿Qué hace usted aquí?

WILLY. — Bien...

HOWARD. — ¿Ha tenido usted otro accidente?

WILLY. — ¡Oh, no! No...

HOWARD. — ¡Vaya! Me había asustado usted. ¿Qué es lo que pasa?

WILLY. — Bien, si he de decirle la verdad, Howard, es que he tomado la decisión de no viajar más.

HOWARD. — ¿De no viajar más? Bien, ¿qué piensa hacer?

WILLY. — ¿Recuerda por Navidad, cuando tuvo usted aquí la fiesta? Dijo que iba a ver si me encontraba un puesto en las oficinas.

HOWARD. — ¿Con nosotros?

WILLY. — Claro...

HOWARD. — ¡Oh, sí, sí...! Lo recuerdo. Bien, no he podido encontrar sitio alguno donde encajarle, Willy.

WILLY. — Mire, Howard. Mis chicos son ya mayores, como sabe. No necesito gran cosa. Si pudiera llevar a casa... sesenta y cinco dólares semanales, por ejemplo..., me arreglaría.

HOWARD. — Sí, pero, Willy, mire...

WILLY. — Se lo diré por qué, Howard. Hablando francamente, entre nosotros dos, ¿sabe?... Me siento un poco cansado.

HOWARD. — Lo comprendo muy bien, Willy. Pero usted es un viajante, Willy, y nuestro negocio es de viajantes. Sólo tenemos aquí media docena de vendedores.

WILLY. — Dios sabe, Howard, que nunca he pedido un favor a nadie. Pero yo estaba en la firma cuando su padre solía traerle aquí en brazos.

HOWARD. — Lo sé, Willy, pero...

WILLY. — Su padre se acercó a mí el día que usted nació y me preguntó qué le parecía el nombre de Howard... Dios lo tenga en su gloria...

Howard. — Lo tengo muy en cuenta, Willy, pero no hay aquí sitio para usted. Si lo hubiera, se lo adjudicaría en el acto, pero no veo nada, nada...

Busca su encendedor. Willy *lo ha tomado y se lo da. Pausa.*

Willy *(cada vez más excitado).* — Howard, todo lo que necesito son cincuenta dólares semanales.

Howard. — Pero, ¿adónde le voy a poner, hombre de Dios?

Willy. — Mire, supongo que no me negará que conozco el oficio de vendedor, ¿verdad?

Howard. — No, pero esto es un negocio, amigo mío, y cada cual ha de rendir lo que pueda...

Willy *(desesperadamente).* — Permítame que le haga un poco de historia, Howard.

Howard. — Porque usted tendrá que admitir que los negocios son los negocios.

Willy *(enfadado).* — Los negocios son indudablemente los negocios, pero escúcheme un momento. Usted no compende la situación. Cuando yo era un chico —a los dieciocho, los diecinueve— ya estaba en la carretera. Y me preguntaba si este oficio de vendedor ofrecía un futuro para mí. Porque, en aquel tiempo, yo soñaba con ir a Alaska. Mire, había habido allí tres hallazgos de yacimientos de oro en un mes y sentía ganas de hacer el viaje. Aunque sólo fuera por curiosidad, como si dijéramos.

Howard *(apenas interesado).* — ¡No diga!

Willy. — ¡Oh, sí! Mi padre vivió muchos años en Alaska. Tenía espíritu aventurero. Somos una familia con confianza en nosotros mismos. Pensé en ir allí con mi hermano mayor, tratar de localizar a nuestro viejo e instalarme tal vez con él. Y estaba casi decidido a marcharme cuando conocí a un vendedor en el Edificio Parker. Se llamaba Dave Singleman. Tenía ochenta y cuatro años, y había vendido artículos en treinta y un estados. El viejo Dave, ¿sabe?, subía a su habitación, se ponía las zapatillas y llamaba por teléfono a los compradores; sin siquiera salir de su habitación; a los ochenta y cuatro años se ganaba la vida. Cuando yo vi esto, me dije que la carrera de vendedor era la mejor que un hombre tenía delante. Porque tenía que ser muy grato estar en condiciones, a los ochenta y cuatro años, de ir a veinte o treinta ciudades distintas, tomar un teléfono y sentirse recordado, querido y ayudado por tantas gentes... ¿Sabe? Cuando murió —y, por cierto, murió como un verdadero viajante, con sus zapatillas verdes de terciopelo puestas, en el coche de fumadores de Nueva York-New Haven-Hartford, cuando iba a Boston—, acudieron a su entierro cientos de viajantes y clientes. Durante meses, hubo un ambiente de tristeza en muchos trenes. *(Se levanta.* HOWARD *no le ha mirado ni una vez.)* En aquellos tiempos se tenía una personalidad en el oficio, Howard. Había allí respeto, camaradería y gratitud. Hoy, todo eso es seco y cortante, y no hay sitio ni para la amistad..., ni la personalidad. ¿Comprende lo que quiero decir? Ya no me conocen...

HOWARD *(apartándose, hacia la derecha).* — Eso es precisamente, Willy.

WILLY. — Si tuviera cuarenta dólares semanales... Es todo lo que necesito. Cuarenta dólares, Howard.

HOWARD. — Amigo mío, no puedo hacer milagros. Yo...

WILLY *(ya desesperado).* — Howard, el año en que se designó a Al Smith, su padre de usted me dijo...

HOWARD *(iniciando su marcha).* — Tengo gente esperándome, muchacho.

WILLY *(deteniéndole).* — ¡Estoy hablando de su padre de usted! ¡Se me hicieron promesas desde ese otro lado de la mesa! ¡No me diga que tiene gente esperándole! ¡He dedicado treinta y cuatro años de mi vida a esta firma y, ahora, no tengo con qué pagar mi seguro! ¡No puede usted comerse la naranja y después tirar el pellejo! ¡Un hombre no es una fruta! *(Tras una pausa.)* Escuche ahora esto. Su padre... En 1928, yo tuve un año excelente. Hice un promedio de comisiones de ciento setenta dólares.

Howard *(con impaciencia).* — Mire, Willy, su promedio nunca pasó de...

Willy *(dando un puñetazo en la mesa).* — ¡Hice un promedio de ciento setenta dólares semanales en el año 1928! Y su padre se me acercó —mejor dicho, yo estaba aquí y él también, junto a esta mesa—, y me puso una mano en el hombro...

Howard *(levantándose).* — Me va a excusar, Willy, pero tengo que ver a unos señores. Recóbrese. *(Sale.)* Volveré en seguida.

Apenas salido Howard, *la luz de su butaca se hace muy brillante y extraña.*

Willy. — ¡Que me recobre! ¿Que demonios he podido decirle? ¡Cielos, le he estado gritando! ¿Cómo pude...? *(Se interrumpe, mirando a la luz que ilumina y da vida a la butaca. Se acerca a esta butaca, de pie junto a la mesa.)* Frank, Frank, ¿no recuerdas lo que me dijiste aquella vez? ¿Cómo me pusiste la mano en el hombro, Frank? *(Se inclina sobre la mesa y mientras pronuncia el nombre del muerto, aprieta accidentalmente el botón del aparato grabador. E instantáneamente:)*

El hijo de Howard. — "...de Nueva York es Albany; la capital de Ohio es Cincinnati, la capital de Rhode Island es..."

Willy *(apartándose con pánico, grita).* — ¡Ah! ¡Howard! ¡Howard! ¡Howard!

Howard *(que entra corriendo).* — ¿Qué ha sucedido?

Willy *(señalando el aparato, que continúa, nasalmente, infantilmente, enumerando las capitales).* — ¡Pare eso! ¡Párelo!

Howard *(desenchufando).* — Mire, Willy...

Willy *(apretándose los ojos con los dedos).* — Necesito un poco de café. Voy a tomar un poco de café.

Howard *(arrollando el cordón).* — Willy, mire...

Willy. — Iré a Boston.

Howard. — Willy, no puede ir a Boston con nuestra representación.

WILLY. — ¿Por qué no puedo ir?

HOWARD. — No quiero que nos represente. Llevo mucho tiempo pensando en decírselo.

WILLY. — Howard, ¿me está despidiendo?

HOWARD. — Creo que necesita un largo descanso, Willy.

WILLY.. — Howard...

HOWARD. — Y luego, cuando se sienta mejor, vuelva y veremos si podemos encontrarle algo...

WILLY. — Pero tengo que ganar dinero, Howard. No estoy en condiciones para...

HOWARD. — ¿Dónde están sus hijos? ¿Por qué sus hijos no le ayudan?

WILLY. — Están ocupados en asuntos de mucha importancia...

HOWARD. — No es el momento para falsos orgullos, Willy. Vaya donde sus hijos y dígales que está cansado. Tiene usted dos hijos grandes, ¿no es así?

WILLY. — ¡Oh, sin duda, sin duda, pero entretanto!...

HOWARD. — De modo que así están las cosas, ¿eh?

WILLY. — Muy bien, iré a Boston mañana.

HOWARD. — No, no.

WILLY. — No puedo constituirme en una carga para mis hijos. No soy un inválido.

HOWARD. — Mire, muchacho, tengo mucho trabajo esta mañana.

WILLY (*agarrando a* HOWARD *por el brazo*). — Howard, usted me va a dejar ir mañana a Boston.

HOWARD (*duro, dominándose*). — Tengo que verme esta mañana con mucha gente. Siéntese, tómese cinco minutos, recóbrese y vuelva a su casa, ¿quiere? Necesito esta oficina, Willy. (*Inicia la marcha, se vuelve recordando el aparato y comienza a empujar la mesita con la máquina registradora.*) ¡Ah, sí! Cualquier día de esta semana, cuando le parezca bien, venga a dejar las muestras. Se sentirá mejor, Willy. Luego, vuelva y charlaremos. No sea chiquillo. Recóbrese; hay gente fuera.

HOWARD *sale por la izquierda, empujando la mesita.*

Willy *mira al vacío, agotado. Se oye una música —la música de* Ben*—, primero muy distante y luego cada vez más próxima. Mientras* Willy *habla, entra* Ben *por la derecha. Trae maleta y paraguas.*

Willy. — ¡Oh, Ben! ¿Cómo lo hiciste? ¿Cuál es la solución? ¿Arreglaste ya el asunto de Alaska?

Ben. — No hace falta mucho tiempo, cuando se sabe lo que se hace. No ha sido más que un corto viaje de negocios. Tomo el barco dentro de una hora. Quería deciros adiós.

Willy. — Ben, tengo que hablarte.

Ben *(mirando su reloj).* — No tengo tiempo, William.

Willy *(cruzando el tablado, hacia* Ben*).* — Ben, nada me sale bien. No sé qué hacer.

Ben. — Bueno, mira William. He comprado unos bosques madereros en Alaska y necesito alguien que me cuide las cosas.

Willy. — ¡Cielos, unos bosques! ¡Yo y mis chicos en aquellas soledades!

Ben. — Tienes un nuevo continente a tu puerta, William. Sal de estas ciudades, que están llenas de charla, plazos y tribunales. Aprieta los puños y vete allí en busca de la fortuna.

Willy. — ¡Sí, sí! ¡Linda, Linda!

Linda *entra como era antes, con el cesto de la ropa.*

Linda. — ¡Oh! ¿Ya has vuelto, cuñado?

Ben. — No dispongo de mucho tiempo.

Willy. — No, espera... Linda, me ha ofrecido un puesto en Alaska.

Linda. — Pero tú ya tienes... *(A* Ben.*)* Tiene aquí un puesto muy bueno.

Willy. — Pero en Alaska, chiquita, yo podría...

Linda. — Aquí trabajas bastante bien, Willy.

Ben *(A* Linda*).* — ¿Bastante bien para qué, cuñada?

Linda *(asustada de* Ben *y con enfado).* — ¡No le digas esas cosas! Es suficiente con ser felices aquí, ahora. *(A* Willy, *mientras* Ben *se ríe.)* ¿Por qué todos tienen que conquistar el mundo? Se te quiere bien y los chicos te adoran. Algún día... *(A* Ben.*)* Mire, el viejo Wagner le dijo hace unos días que, si sigue así, será un socio de la firma. ¿No es así, Willy?

Willy. — Cierto, cierto. Estoy creándome algo bueno con esta firma, Ben, y cuando un hombre se está creando algo bueno, sin duda va por el buen camino. ¿No te parece, Ben?

Ben. — ¿Qué es lo que te estás creando? Ponle tu mano encima. ¿Dónde está?

Willy *(vacilante)*. — Eso es verdad, Linda, no hay nada.

Linda. — ¿Por qué no hay nada? *(A Ben.)* Un hombre de ochenta y cuatro años...

Willy. — Tiene razón, Ben, tiene razón. Cuando miro a ese hombre, me digo que no hay motivo alguno para preocuparse.

Ben. — ¡Bah!

Willy. — Es verdad, Ben. Todo lo que tiene que hacer es ir a cualquier ciudad, tomar el teléfono y llamar a sus amigos. Así se gana la vida. ¿Sabes por qué?

Ben *(tomando su maleta)*. — Tengo que irme.

Willy *(reteniendo a Ben)*. — ¡Mira a este chico!

Biff, *con su suéter del colegio, entra trayendo un maletín.* Happy *le sigue, con las hombreras, el casco dorado y los pantalones de fútbol de su hermano.*

Willy. — Sin un centavo, tres grandes universidades se lo disputan. Y, de aquí, el límite es el cielo, porque lo que importa no es lo que haces, sino a quién conoces y la sonrisa de tu cara. ¡Son las relaciones, Ben, las relaciones! Toda la riqueza de Alaska pasa por el comedor del Commodore Hotel y lo maravilloso de este país es que un hombre puede terminar con millones aquí, sin más ayuda que la de su simpatía. *(Volviéndose hacia* Biff.*)* Por eso importa mucho lo que hoy va a suceder en el campo. Habrá miles y miles de personas esperándote con ansia, queriéndote con pasión. *(A* Ben, *que ha iniciado de nuevo su marcha.)* ¡Ben! Cuando entre en unas oficinas, su nombre sonará como una campana y todas las puertas se le abrirán. ¡Lo he visto, Ben, miles de voces! Es algo que no se puede palpar como se palpa la madera, pero que está ahí.

BEN. — Adiós, William.

WILLY. — Ben, ¿no tengo razón? ¿No crees que tengo razón? Estimo en mucho tu consejo.

BEN. — Hay un nuevo continente a tu puerta, William. Podrías salir de él rico. ¡Rico! *(Se va.)*

WILLY. — ¡Nos haremos ricos aquí, Ben! ¿Oyes? ¡Aquí nos haremos ricos!

Entra de prisa el joven BERNARD. *Se oye la alegre música de los chicos.*

BERNARD. — ¡Uf! Temía que os hubierais ido ya...

WILLY. — ¿Por qué? ¿Qué hora es?

BERNARD. — La una y media.

WILLY. — Bien, en marcha todo el mundo. Ebbets Field es la próxima parada. ¿Dónde están las banderolas? *(Corre a través del muro de la cocina y entra en la sala.)*

LINDA *(a* BIFF*).* — ¿Llevas una muda limpia?

BIFF *(que ha estado haciendo flexiones).* — ¡Quiero irme!

BERNARD. — Biff, yo voy a llevar tu casco, ¿verdad?

HAPPY. — No, el casco lo llevo yo.

BERNARD. — ¡Oh, Biff! Tú me lo prometiste.

HAPPY. — Yo llevo el casco.

BERNARD. — ¿Cómo voy a entrar en el vestuario?

LINDA. — Déjale llevar las hombreras. *(Pone su abrigo y su sombrero en la cocina.)*

BERNARD. — ¿Me dejas, Biff? Porque he dicho a todos que voy a ir al vestuario.

HAPPY. — En Ebbets Field, se llama la casa del club.

BERNARD. — Sí, la casa del club. ¡Biff!

HAPPY. — ¡Biff!

BIFF *(a lo gran señor, tras una breve pausa).* — Déjale llevar las hombreras.

HAPPY *(entregando las hombreras a* BERNARD*).* — No te separes ahora de nosotros.

WILLY *entra corriendo con las banderolas.*

Willy *(entregándolas).* — Todos tenéis que saludar con ellas cuando Biff salga al campo. (Happy y Bernard *salen corriendo.*) ¿Estás preparado, muchacho?

La música se ha extinguido.

Biff. — Estoy listo, papá. Todos los músculos están en forma.

Willy *(en el borde del tablado).* — ¿Sabes lo que esto significa?

Biff. — Sí, papá.

Willy *(palpando los músculos de Biff).* — Esta tarde, volverás a casa siendo capitán del equipo campeón de todos los colegios de la ciudad de Nueva York.

Biff. — Lo sé, papá. Y recuerda, papito, cuando me quite el casco, el tanto que consiga será para ti.

Willy. — ¡Vamos! ¡Vamos! *(Inicia la marcha, con el brazo en la cintura de Biff, cuando entra Charley, como antaño con pantalones bombachos.)* No tengo sitio para ti, Charley.

Charley. — ¿Sitio? ¿Para qué?

Willy. — En el coche.

Charley. — ¿Vais de paseo? Yo quería jugar una partida de casino.

Willy *(furioso).* — ¡Casino! *(Incrédulamente.)* ¿Te das tú cuenta de que día es hoy?

Linda. — ¡Oh, lo sabe, Willy! Está bromeando.

Willy. — No es asunto para bromas.

Charley. — No, Linda, no sé nada. ¿Qué pasa?

Linda. — Biff juega en Ebbets Field.

Charley. — ¿Béisbol con este tiempo?

Willy. — No pierdas el tiempo con él. ¡Vamos, vamos! *(Les empuja hacia fuera.)*

Charley. — Espera un momento... ¿No has oído la noticia?

Willy. — ¿Qué?

Charley. — La radio lo ha dicho... Ebbets Field acaba de volar.

Willy. — ¡Vete al demonio! (Charley *se ríe.* Willy

les sigue empujando.) ¡Vamos, vamos! ¡Llegaremos tarde!

CHARLEY *(mientras los otros se van).* — ¡Consigue muchos goles, Biff, muchos goles!

WILLY *(el último en salir, volviéndose hacia* CHARLEY). — No han tenido nada de graciosas tus bromas, Charley. Es el día más grande de su vida.

CHARLEY. — Willy, ¿cuándo vas a dejar de ser un chiquillo?

WILLY. — Sí, ¿eh? Cuando termine el partido, Charley, tendrás que reírte de ti mismo. Le llamarán el nuevo Red Grange. Veinticinco mil por año.

CHARLEY *(bromeando).* — ¿De veras?

WILLY. — Sí, de veras.

CHARLEY. — Bien, lo siento, Willy. Pero dime una cosa.

WILLY. — ¿Qué?

CHARLEY. — ¿Quién es Red Grange?

WILLY. — ¡Te voy a dar una somanta! ¡Maldita sea! ¡Te voy a dar una buena!

CHARLEY, *riéndose, menea la cabeza y se aleja, doblando por la esquina izquierda de la casa.* WILLY *le sigue. La música adquiere un frenesí burlón.*

WILLY. — ¿Quieres decirme quién te crees tú? ¿Te crees mejor que todos? Tú no sabes de la misa la mitad, zángano, ignorante, estúpido... ¡Te voy a dar una buena!

La luz ilumina, el lado derecho del proscenio, una mesita en la sala de espera de las oficinas de CHARLEY. *Se oye el ruido del tránsito.* BERNARD, *ya un hombre, está sentado, silbando para sí. Hay en el piso, junto a él, un par de raquetas de tenis y un saco de mano.*

WILLY *(fuera de la escena).* — ¿Por qué te escapas? ¡No te escapes! Si tienes que decir algo, dímelo a la cara. Ya sé que te ríes de mí a mis espaldas. Te tendrás que reír de ti mismo, maldito, cuando termine el partido. ¡Gol! ¡Gol! ¡Ochenta mil personas! ¡Gol! ¡Justo entre los postes!

BERNARD *es un joven tranquilo, serio, pero muy se-*

guro de sí mismo. La voz de WILLY *llega ahora del fondo, por la derecha.*

BERNARD *retira los pies de la mesa y escucha. Entra* JENNY, *la secretaria de su padre.*

JENNY *(angustiada)*. — Oiga, Bernard, ¿quiere salir por favor al vestíbulo?

BERNARD. — ¿Qué es ese alboroto? ¿Quién es?

JENNY. — El señor Loman. Acaba de salir del ascensor.

BERNARD *(levantándose)*. — ¿Con quién está discutiendo?

JENNY. — Con nadie. Está solo. Yo ya no sé qué hacer con él y su padre de usted se pone muy nervioso cada vez que viene. Tengo que escribir muchas cartas y su padre está esperando para firmarlas. ¿Quiere recibirle usted?

WILLY *(entrando)*. — ¡Gol! ¡Gol! *(Ve a* JENNY.*)* Jenny, Jenny, cuánto me alegra verla... ¿Qué tal está usted? ¿Trabajando? ¿Todavía una buena chica?

JENNY. — Yo muy bien. Y usted, ¿qué tal está?

WILLY. — Yo cuesta abajo ya, Jenny. ¡Ja, ja! *(Se sorprende al ver las raquetas.)*

BERNARD. — ¡Hola, tío Willy!

WILLY *(casi escandalizado)*. — ¡Bernard! Bien, miren quién está aquí... *(Se acerca rápidamente, turbado, a* BERNARD *y le estrecha la mano con calor.)*

BERNARD. — ¿Qué tal está usted? Mucho me alegra verle.

WILLY. — ¿Qué estás haciendo aquí?

BERNARD. — ¡Oh, vine solamente a saludar a papá! A estirar un poco las piernas a la espera de que llegue la hora del tren. Voy a Washington dentro de unos minutos.

WILLY. — ¿Está tu padre?

BERNARD. — Sí, en su despacho, con el contador. Siéntese.

WILLY *(sentándose)*. — ¿Qué vas a hacer en Washington?

BERNARD. — ¡Oh! No es más que un pleito que tengo allí, Willy.

Willy. — ¿De veras? *(Señalando las raquetas:)* ¿Vas a jugar allí al tenis?

Bernard. — Voy a parar en casa de un amigo que tiene una cancha.

Willy. — ¡No digas! Con su propia cancha de tenis. Gente distinguida, sin duda.

Bernard. — Sí, es muy buena gente. Papá me ha dicho que Biff está aquí.

Willy *(con una amplia sonrisa)*. — Sí, Biff está aquí. Está metido en un negocio muy importante.

Bernard. — ¿Qué es lo que hace?

Willy. — Bien, ha hecho algunos lindos negocios en el Oeste. Pero ha decidido establecerse aquí. Muy a lo grande. Vamos a cenar hoy juntos. Me dijeron que tu mujer había tenido un niño.

Bernard. — Así es. Nuestro segundo.

Willy. — ¡Dos chicos! ¡Miren...!

Bernard. — ¿Qué negocio es el de Biff?

Willy. — Bien, Bill Oliver, una de las grandes firmas de artículos de deporte, siempre quiso mucho a Biff. Le ha traído desde el Oeste. Le llamó por larga distancia y le da carta blanca, en relación con ramos especiales... ¿Tus amigos tienen su propia cancha de tenis?

Bernard. — ¿Usted sigue con su antigua firma, Willy?

Willy *(tras una pausa)*. — Estoy muy contento de verte tan bien encarrilado, Bernard. Es alentador ver a un joven como tú prosperar de modo tan brillante... Es una buena cosa para Biff, una cosa... *(Se interrumpe. Y luego.)* Bernard... *(Está tan emocionado que se interrumpe de nuevo.)*

Bernard. — ¿Qué Willy?

Willy *(encogido, amargado)*. — ¿Dónde?... ¿Dónde está el secreto?

Bernard. — ¿Qué secreto?

Willy. — ¿Cómo?... ¿Cómo lo hiciste? ¿Por qué él abandonó los estudios?

Bernard. — No sabría decírselo, Willy.

Willy *(confidencial y desesperadamente)*. — Eras su

amigo, su amigo de la juventud. Hay algo que no comprendo en eso. Su vida terminó después de aquel partido de Ebbets Field. Desde los diecisiete años, nada bueno le ha sucedido.

BERNARD. — Nunca se preparó para nada.

WILLY. — Se preparó, se preparó. Después del colegio, siguió muchos cursos por correspondencia. Mecánico de radio, televisión... ¡Dios sabe qué más! Pero nunca hizo nada de fundamento.

BERNARD *(quitándose los lentes)*. — Willy, ¿quiere que hablemos con sinceridad?

WILLY *(levantándose y mirando a BERNARD)*. — Te considero un hombre de mucho valor, Bernard. Tu consejo es de mucho peso...

BERNARD. — ¡Oh, al diablo mi consejo! No podría aconsejarle. Pero hay una cosa que desearía preguntarle, tío Willy. Cuando iba a graduarse y el profesor de matemáticas le suspendió...

WILLY. — Ese hijo de perra le destrozó la vida.

BERNARD. — Sí, pero... Willy, no tenía más que seguir el curso de verano y aprobar en setiembre la materia.

WILLY. — Eso es verdad, eso es verdad.

BERNARD. — ¿Le dijo usted que no fuera al curso de verano?

WILLY. — ¿Yo? Le supliqué que fuera... ¡Le ordené que fuera!

BERNARD. — Entonces, ¿por qué no fue?

WILLY. — ¿Por qué? ¡No lo sé! Bernard, esa pregunta me ha estado acosando como un fantasma desde hace quince años. Le suspendieron y se abandonó por completo. Ya no estudió más.

BERNARD. — Cálmese, Willy...

WILLY. — Deja que me explaye contigo. No tengo a nadie con quien hablar. Bernard, Bernard, ¿fue mi culpa? ¿Comprendes? Es algo a lo que doy mil vueltas en la cabeza, tal vez le hice algo. No tenía nada para darle.

BERNARD. — No lo tome tan a pecho.

WILLY. — ¿Por qué lo abandonó todo? ¿Qué pasó? ¡Tú eras su amigo!

BERNARD. — Willy, yo recuerdo que era junio y que íbamos a graduarnos como bachilleres. Y a Biff le suspendieron en matemáticas.

WILLY. — ¡Ese canalla!

BERNARD. — No, no era justo entonces. Biff se puso rabioso. Lo recuerdo muy bien. Y estaba dispuesto a seguir el curso de verano.

WILLY *(sorprendido)*. — ¿De veras?

BERNARD. — No se sentía en modo alguno derrotado. Pero, luego, Willy, le perdimos de vista durante casi un mes. Y yo pensé que había ido a Nueva Inglaterra a verse con usted. ¿Hablaron ustedes entonces?

(WILLY *mira a* BERNARD *en silencio.*)

BERNARD. — ¿Willy?

WILLY *(con un fuerte resentimiento en la voz)*. — Sí, vino a Boston. ¿Qué pasa con eso?

BERNARD. — Bien, cuando volvió... Nunca olvidaré esto, porque nunca he acertado con la explicación. Yo tenía muy buen concepto de Biff, a pesar de que me humillaba más de una vez. Le quería, Willy, ¿sabe? Volvió al cabo de ese mes y tomó sus zapatos de adiestramiento... ¿Recuerda aquellos zapatos con la inscripción "Universidad de Virginia"? Estaba tan orgulloso con ellos que los usaba a diario. Los llevó al sótano y los quemó en la estufa. Nos peleamos a puñetazo limpio. Durante media hora por lo menos. Allí, en el sótano, los dos solos, pegándonos con rabia, gritándonos... He pensado muchas veces en el modo extraño en que lo echó todo a rodar. ¿Qué sucedió en Boston, Willy?

WILLY *mira a* BERNARD *como a un intruso.*

BERNARD. — Se lo he dicho únicamente porque me lo ha preguntado.

WILLY *(muy enfadado)*. — Nada. ¿Qué quieres decir con eso de "qué sucedió"? ¿Qué tiene que ver eso con nada?

BERNARD. — Bien, no se enfade.

WILLY. — ¿Quieres cargarme con todas las culpas? Si un chico se abandona, ¿dónde está mi culpa?
BERNARD. — Bien, Willy, no vale la pena...
WILLY. — ¡Bien, tú... no me hables así! ¿Qué significa ese "qué sucedió"?

Entra CHARLEY. *Está en mangas de camisa y trae una botella de licor.*

CHARLEY. — ¡Eh! Vas a perder el tren. *(Muestra la botella.)*
BERNARD. — Sí, me voy. *(Toma la botella.)* Gracias, papá. *(Recoge las raquetas y el saco de mano.)* Adiós, Willy, y no tome las cosas demasiado a pecho... Ya sabe, "si no se triunfa a la primera..."
WILLY. — Sí. Eso es lo que creo.
BERNARD. — Pero a veces, Willy, vale más que un hombre se aparte.
WILLY. — ¿Apartarse?
BERNARD. — Eso es.
WILLY. — Pero, ¿si no puedes apartarte?
BERNARD *(tras una breve pausa)*. — Entonces, sí, debe ser muy duro. *(Tendiendo su mano.)* Adiós, Willy.
WILLY *(estrechando la mano de* BERNARD*)*. — Adiós, muchacho.
CHARLEY *(con un brazo en el hombro de* BERNARD*)*. — ¿Qué te parece este chico? Tiene que informar el Tribunal Supremo.
BERNARD *(protestando)*. — ¡Papá!
WILLY *(verdaderamente impresionado, apenado y contento)*: — ¡No! ¿El Tribunal Supremo!
BERNARD. — Tengo que salir corriendo. ¡Adiós, papá!
CHARLEY. — ¡A ver si te los metes en el bolsillo!

BERNARD *se va.*

WILLY *(mientras* CHARLEY *saca su cartera)*. — ¡El Tribunal Supremo! ¡Ni siquiera lo mencionó!
CHARLEY *(contando el dinero sobre la mesa)*. — No tiene que decirlo... Tiene que hacerlo.
WILLY. — Y tú nunca le dijiste lo que tenía que hacer, ¿verdad? Nunca te interesaste por él.

CHARLEY. — Mi salvación es que nunca me interesé en nada. Aquí tienes este dinero... cincuenta dólares. Tengo en el despacho a un contador.

WILLY. — Charley, mira... *(Penosamente.)* **Tengo que pagar mi seguro. Si pudieras prestarme... Necesito ciento diez dólares.**

CHARLEY *no contesta por el momento; se limita a quedarse inmóvil.*

WILLY. — Los podría retirar del banco, pero Linda se enteraría y yo...

CHARLEY. — Siéntate, Willy.

WILLY *(yendo hacia el asiento).* — Llevo cuenta de todo, recuerda. Te devolveré hasta el último centavo. *(Se sienta.)*

CHARLEY. — Escúchame, Willy.

WILLY. — Quiero que sepas lo mucho que te aprecio...

CHARLEY *(sentándose en la mesa).* — Willy, ¿qué estás haciendo? ¿Qué diablos pasa por esa cabeza?

WILLY. — ¿Por qué me dices eso? Yo, sencillamente...

CHARLEY. — Te he ofrecido un empleo. Puedes ganar cincuenta dólares semanales. Y no necesitarás viajar...

WILLY. — Tengo un empleo.

CHARLEY. — ¿Sin sueldo? ¿Qué clase de empleo es un empleo sin sueldo? *(Se levanta.)* Mira, muchacho, basta ya. No soy ningún genio, pero sé cuándo se me ofende.

WILLY. — ¿Cuándo se te ofende?

CHARLEY. — ¿Por qué no aceptas el trabajo que te ofrezco?

WILLY. — ¿Qué te pasa? Te he dicho que tengo un empleo.

CHARLEY. — Entonces, ¿por qué vienes aquí todas las semanas?

WILLY *(levantándose).* — Bien, si no quieres que venga...

CHARLEY. — Te estoy ofreciendo un empleo.

WILLY. — ¡No quiero para nada tu maldito empleo!

CHARLEY. — ¿Cuándo diablos vas a dejar de ser un chiquillo?

WILLY *(furioso)*. — ¡Tú, grandísimo ignorante!... ¡Si vuelves a decirlo, te rompo la cara! ¡No me impresionas nada por muy arriba que te sientas! *(Se pone en actitud de pelea.)*

Pausa.

CHARLEY *(cariñosamente, acercándose a* WILLY*)*. — ¿Cuánto necesitas, Willy?

WILLY. — Charley, estoy atado de pies y manos. No sé qué hacer. Me acaban de despedir.

CHARLEY. — ¿Howard te ha despedido?

WILLY. — Ese canalla. ¿Te imaginas? Yo le puse el nombre que lleva. Yo le llamé Howard.

CHARLEY. — ¿Cuándo vas a comprender que esas cosas no significan nada para ellos? Le llamaste Howard, pero no puedes vender eso. Lo único que tienes en el mundo es lo que puedes vender. Y lo curioso es que, siendo un vendedor, no sabes eso.

WILLY. — Comprendo que siempre traté de pensar de modo diferente. Siempre me dije que si un hombre causaba una buena impresión, si resultaba simpático...

CHARLEY. — ¿Por qué tienes que resultar siimpático a todo el mundo? ¿Quién tenía simpatía a J. P. Morgan? ¿A quién impresionaba bien? En un baño turco, debía parecer un carnicero. Pero, con sus bolsillos encima, resultaba muy atrayente. Escúchame, Willy: yo sé que no me tienes simpatía y nadie puede decir que yo estoy enamorado de ti, pero te daré un puesto porque... porque me da la gana; vamos a dejarlo así. ¿Qué me dices?

WILLY. — Yo... yo no puedo trabajar para ti, Charley.

CHARLEY. — ¿Es que tienes celos de mí?

WILLY. — No puedo trabajar para ti. Eso es todo. No me preguntes por qué.

CHARLEY *(enfadado, saca más billetes)*. — ¡Has tenido celos de mí toda tu vida, grandísimo estúpido! Toma,

paga tu seguro. *(Pone el dinero en la mano de Wi-
lly.)*
Willy. — Llevo la cuenta al centavo.
Charley. — Tengo pendiente un trabajo. Cuídate. Y
paga tu seguro.
Willy *(yendo hacia la derecha)*. — Es curioso, ¿sabes?
Después de tantos caminos, trenes y visitas, al cabo
de los años, terminas valiendo más muerto que vivo.
Charley. — ¡Willy, nadie vale nada muerto! *(Después
de una breve pausa.)* ¿Me has oído bien?

Willy *queda inmóvil, de pie, soñando.*

Charley. — ¡Willy!
Willy. — Excúsame ante Bernard cuando lo veas. No
quise disputarme con él. Es un magnífico muchacho.
Todos son magníficos muchachos y todos saldrán adelante... Todos, todos. Algún día jugarán juntos al
tenis. Deséame suerte, Charley. Biff ha ido hoy a
verse con Bill Oliver.
Charley. — Buena suerte.
Willy *(a punto de llorar)*. — Charley, eres el único
amigo que tengo. ¿No es curioso? *(Sale.)*
Charley. — ¡Cristo!

Charley *le mira unos instantes y sale después por
el mismo sitio. Se apagan todas las luces. De pronto, se
oye una música bronca y se ve un resplandor rojo tras
la pantalla de la derecha. Entra* Stanley, *un mozo
joven, llevando una mesa y seguido de* Happy, *quien
lleva dos sillas.*

Stanley *(instalando la mesa)*. — Gracias, señor Loman. Ya me arreglo solo. *(Se vuelve y toma las sillas
de manos de* Happy *y las coloca junto a la mesa.)*
Happy *(mirando a su alrededor)*. — ¡Oh, aquí está
mejor!
Stanley. — Desde luego. Ahí delante, se está entre
toda clase de ruidos. Siempre que tenga invitados,
señor Loman, dígamelo y le instalaré aquí. ¿Sabe?
Hay muchos a quienes no gusta la intimidad, porque
salen para sentir movimiento a su alrededor; es que
están cansados y aburridos de la soledad de su casa.

Pero yo sé que usted no es un palurdo. ¿Comprende lo que quiero decir?

Happy *(sentándose).* — ¿Qué tal andan sus cosas, Stanley?

Stanley. — ¡Oh, es una vida de perros! ¡Ojalá me hubieran incorporado al ejército durante la guerra! Tal vez hubiera muerto ya.

Happy. — Mi hermano ha vuelto, Stanley.

Stanley. — Ha vuelto, ¿eh? Del lejano Oeste, ¿no?

Happy. — Sí, es un gran ganadero este Biff. Trátelo bien. Y también viene mi padre.

Stanley. — ¡Oh, también su padre!

Happy. — ¿Tiene un par de hermosas langostas?

Stanley. — Magníficas.

Happy. — Las quiero con sus muelas.

Stanley. — No se preocupe. No le daré gato por liebre. (Happy *se ríe.*) ¿Y qué le parece un poco de vino? Alegrará la cena.

Happy. — No. ¿Recuerda, Stanley, aquella receta que traje de ultramar? ¿Con champaña?

Stanley. — Sí, desde luego. La tengo guardada ahí, en la cocina. Pero eso va a salir a dólar la copa...

Happy. — No importa.

Stanley. — ¿Qué le pasa? ¿Le ha tocado la lotería?

Happy. — No, es para festejar una cosa. Mi hermano... Creo que va a hacer hoy una excelente operación. Tal vez emprendamos un negocio juntos.

Stanley. — Es una gran cosa. Lo mejor para ustedes. Porque esos negocios dentro de las familias son lo mejor que hay.

Happy. — Así lo creo yo también.

Stanley. — Porque, ¿dónde está la diferencia? ¿Hay alguien que roba? Queda en la familia. ¿Comprende lo que quiero decir? *(En voz baja.)* Como el encargado del bar, ése de ahí... El dueño anda loco tratando de descubrir qué pasa con la caja registradora. El dinero entra, pero no sale.

Happy *(levantando la cabeza).* — Sss...

Stanley. — ¿Qué?

Happy. — Habrá advertido que no he mirado a derecha ni a izquierda, ¿verdad?

Stanley. — Así es.

Happy. — Y mis ojos están cerrados.

Stanley. — Bueno, pero...

Happy. — Se acerca una maravilla.

Stanley *(comprendiendo y mirando a todos lados)*. — ¡Ah, no, no veo...!

Se interrumpe en el momento en que una joven con pieles, muy elegante, entra y se sienta en la mesa inmediata. Los dos la siguen con los ojos.

Stanley. — ¡Vaya! ¿Cómo lo ha adivinado?

Happy. — Poseo una especie de radar o algo así. *(Mirando sin disimulos a la joven.)* ¡Oooh, Stanley!

Stanley. — Ahí tiene usted algo interesante, señor Loman.

Happy. — Mire esa boca... ¡Cielos! ¡Y qué ojazos!

Stanley. — ¡Vaya! Ahí hay muchas cosas buenas, señor Loman.

Happy. — Sírvale algo.

Stanley *(acercándose a la mesa de la joven)*. — ¿Desea algo la señora?

La joven. — Espero a alguien, pero me gustaría...

Happy. — ¿Por qué no le sirve...? Perdóneme, señorita, pero vendo champaña y me agradaría que probara mi marca. Tráigale una copa de champaña, Stanley.

La joven. — Es usted muy amable.

Happy. — No vale la pena. Es dinero de la compañía, ¿sabe? *(Se ríe.)*

La joven. — Es un artículo muy agradable el que usted vende, ¿verdad?

Happy. — ¡Oh, como cualquier otro! Vender es vender, ¿sabe?

La joven. — Sí, claro.

Happy. — ¿Usted no vende nada?

La joven. — No, no vendo.

Happy. — ¿La molestaría el cumplido de un desconocido? Debería usted estar en la cubierta de una revista.

LA JOVEN *(mirando a* HAPPY *con cierta altanería)* — Lo he estado ya.

STANLEY *entra con una copa de champaña.*

HAPPY. — ¿Qué le dije antes, Stanley? ¿Ve? Es una beldad de cubierta.

STANLEY. — Ya lo veía, ya lo veía...

HAPPY *(a* LA JOVEN*)*. — ¿En qué revista?

LA JOVEN. — ¡Oh, en muchas! *(Bebe el champaña.)* Muchas gracias.

HAPPY. — Ya sabe lo que dicen en Francia, ¿verdad? "El champaña es la bebida de la salud." ¡Hombre, Biff!

BIFF. — Hola, muchacho. Perdona que llegue un poco tarde.

HAPPY. — Acabo de llegar. ¡Ah! ¿Señorita...?

LA JOVEN. — Forsythe.

HAPPY. — Señorita Forsythe, le presento a mi hermano.

BIFF. — ¿Está papá aquí?

HAPPY. — Se llama Biff. Tal vez haya oído hablar de él. Es un gran jugador de fútbol.

LA JOVEN. — ¿De veras? ¿De qué equipo?

HAPPY. — ¿Está usted muy al tanto del fútbol?

LA JOVEN. — No, no mucho.

HAPPY. — Biff es uno de los puntales de los Gigantes de Nueva York.

LA JOVEN. — Es una gran cosa, ¿verdad? *(Bebe.)*

HAPPY. — Que le procure mucha salud.

LA JOVEN. — Me alegra conocerle.

HAPPY. — Me llamo Happy. O Hap, si prefiere. Mi verdadero nombre es Harold, pero en West Point, en la Academia Militar, me llamaban Happy.

LA JOVEN *(ahora verdaderamente impresionada).* — ¡Ah, sí! ¡Encantada! *(Se pone de perfil.)*

BIFF. — ¿No viene papá?

HAPPY. — ¿Quieres que te la ceda?

BIFF. — ¡Oh, no podría conquistarla!

Happy. — Recuerdo el tiempo en que una idea así no podía pasar por tu cabeza. ¿Dónde está tu antigua confianza, Biff?

Biff. — Acabo de ver a Oliver...

Happy. — Espera un momento. Necesito ver de nuevo esa seguridad que poseías. ¿La quieres? Está pidiendo guerra.

Biff. — ¡Oh, no! *(Se vuelve para mirar a* La joven.)

Happy. — Como te lo digo. Observa esto. *(Volviéndose hacia* La joven.) ¿Chiquita? (La joven *se vuelve hacia él.*) ¿Tiene usted algo que hacer?

La joven. — Bien, sí... pero podría llamar por teléfono.

Happy. — Hágalo. ¿Quiere, guapísima? Y mire si encuentra una amiga. Estaremos aquí durante algún tiempo. Biff es uno de los mejores jugadores de fútbol del país.

La joven *(levantándose).* — Bien, me alegra mucho haberles conocido.

Happy. — Vuelva volando.

La joven. — Lo intentaré.

Happy. — Nada de lo intentaré. Hágalo, chiquita.

La joven *sale.* Stanley *la sigue con la mirada, moviendo la cabeza, perplejo y admirado.*

Happy. — ¿No es una vergüenza lo que pasa ahora? ¿Una chica tan preciosa como ésta? Por eso no me caso. No se encuentra una mujer buena entre mil. Nueva York está llano de chicas así, muchacho.

Biff. — Hap, mira...

Happy. — Te dije que estaba pidiendo guerra.

Biff *(extrañamente nervioso).* — Acaba con eso, ¿quieres? Quiero decirte una cosa.

Happy. — ¿Te viste con Oliver?

Biff. — Le vi, desde luego. Pero, mira, quiero decir a papá un par de cosas y tú tienes que ayudarme.

Happy. — ¿Pues? ¿Es que Oliver va a apoyarte?

Biff. — ¿Estás loco? Tú has perdido todos los tornillos, ¿sabes?

Happy. — ¿Por qué? ¿Qué ha sucedido?

Biff *(sin aliento)*. — He hecho hoy algo terrible, Hap. Es la cosa más extraña que me ha sucedido en la vida. Estoy todavía completamente aturdido, te lo juro.

Happy. — Es decir, ¿no te has visto con él?

Biff. — Bien, le esperé seis horas, ¿sabes? Todo el día. Hice que le anunciaran mi visita no sé cuántas veces. Hasta traté de invitar a su secretaria a salir un día, con la esperanza de que me pasara al despacho. Pero todo fue inútil.

Happy. — Lo que pasa es que has perdido tu antigua confianza, Biff. Ese hombre se acordaba de ti, ¿verdad?

Biff *(interrumpiendo a* Happy *con un ademán)*. — Por fin, hacia las cinco, salió. No se acordaba de quién era yo ni de nada a mí referente. Me sentí un perfecto idiota, Hap.

Happy. — ¿Le hablaste de la idea de Florida?

Biff. — Se marchó. Apenas le vi un minuto. ¡Perdí los estribos y estuve a punto de tirarme de cabeza contra la pared! ¿Cómo se me ocurrió pensar que había sido viajante de esa casa? ¡Yo mismo llegué a creérmelo! El hombre me miró... y entonces comprendí qué ridícula mentira había sido toda mi vida. Hemos vivido en un sueño durante quince años. Yo no era más que un empleado de expediciones.

Happy. — ¿Qué hiciste?

Biff *(tenso y desconcertado)*. — Bien, el hombre se marchó, ¿sabes? Y la secretaria salió. Me quedé solo en la sala de espera. No sé cómo se me ocurrió, Hap. Sólo recuerdo que me vi de pronto en su despacho, un despacho con paneles de madera, muy elegante. No puedo explicarlo. Yo... Hap... me apoderé de su estilográfica.

Happy. — ¡Uf! ¿Te agarraron?

Biff. — Eché a correr. Bajé en un santiamén quince pisos. Corrí, corrí, corrí...

Happy. — Eso es un disparate. ¿Por qué lo hiciste?

Biff *(con terrible angustia)*. — No lo sé... sentí la

**necesidad de apoderarme de algo. Tienes que ayudarme, Hap. Tengo que decírselo a nuestro padre.

HAPPY. — ¿Estás loco? ¿Para qué?

BIFF. — Hap, tiene que comprender que yo no soy hombre al que se puede prestar ese dinero. Cree que yo le he estado insultando todos estos años y es algo que le consume.

HAPPY. — De eso se trata. Tienes que decirle algo agradable.

BIFF. — No puedo.

HAPPY. — Dile que has convenido con Oliver almorzar mañana juntos.

BIFF. — Y, ¿qué cabe hacer mañana?

HAPPY. — Sales de casa por la mañana, vuelves por la noche y dices que Oliver está pensando el asunto. Piensa durante un par de semanas, la cosa se va olvidando y no hay así daño para nadie.

BIFF. — Pero no se puede seguir así eternamente.

HAPPY. — Papá nunca es tan feliz como cuando está a la espera de algo.

Entra WILLY.

HAPPY. — ¡Hola, señor Loman!

WILLY. — ¡Uf! Hace años que no he estado aquí.

STANLEY *ha seguido a* WILLY *y trae una silla para el recién llegado. Va a retirarse, pero* HAPPY *lo detiene.*

HAPPY. — ¡Stanley!

STANLEY *queda al lado, a la espera del pedido.*

BIFF *(acercándose a* WILLY, *en actitud compungida y hablándole como a un inválido).* — Siéntate, papá. ¿Quieres beber algo?

WILLY. — Desde luego. ¿Por qué no?

BIFF. — Sí, tomemos un buen trago.

WILLY. — Pareces preocupado.

BIFF. — No... no. *(A* STANLEY.) Whisky para los tres. Dobles.

STANLEY. — Dobles, muy bien. *(Se va.)*

WILLY. — Vosotros ya habéis tomado un par, ¿verdad?

Biff. — Sí, un par.

Willy. — Bien, ¿qué ha pasado, muchacho? *(Asintiendo con la cabeza y sonriendo.)* Todo habrá marchado sobre ruedas, ¿verdad?

Biff *(que toma aliento y, luego alarga el brazo y toma la mano de* Willy.) — Papito... *(Sonríe valientemente y* Willy *también está sonriendo.)* Hoy me ha pasado algo nuevo.

Happy. — Algo terrible, papá.

Willy. — ¿De veras? ¿Qué ha sido?

Biff *(en alta voz, algo bebido, algo en las nubes).* — Voy a contártelo de principio a fin. Ha sido un día muy raro. *(Silencio. Mira a su alrededor, trata de serenarse lo mejor que puede; sin embargo, sigue respirando al ritmo de su voz.)* Tuve que esperarle mucho tiempo y...

Willy. — ¿A Oliver?

Biff. — Sí, a Oliver. Todo el día, si he de decir la verdad. Y, durante ese tiempo, papá, vinieron a mi memoria muchos hechos y circunstancias de mi vida. ¿Quién fue, papá? ¿Quién dijo que yo había sido representante de Oliver?

Willy. — Bien, eso eras.

Biff. — No, papá. Era un empleado de expediciones.

Willy. — Pero, prácticamente...

Biff *(con decisión).* — Papá, no sé quién lo dijo por primera vez pero yo nunca fui un vendedor en casa de Bill Oliver.

Willy. — ¿Qué tonterías estás diciendo?

Biff. — Encaremos la realidad esta noche, papá. No vamos a ninguna parte engañándonos y peleándonos. Yo no era más que un empleado de expediciones.

Willy *(enfadado).* — Muy bien. Ahora, escúchame...

Biff. — ¿Por qué no me dejas acabar?

Willy. — No me interesan las historias del pasado ni tonterías de ese estilo, porque la casa se quema, muchachos, ¿me comprendéis? El incendio nos rodea por todos lados. Me han despedido.

Biff *(impresionado).* — ¡No puede ser!

WILLY. — Me han despedido y estoy a la espera de alguna buena noticia para dársela a vuestra madre, porque es una mujer que ha esperado, una mujer que ha sufrido. Y el busilis de todo esto es que ya no me queda un solo cuento en la cabeza. Por tanto, no me deis una conferencia sobre hechos y aspectos. No me interesa. Dicho esto, dime lo que tengas que decirme.

STANLEY *entra con las tres bebidas. Esperan hasta que se va.*

WILLY. — ¿Te viste con Oliver?
BIFF. — ¡Cristo, papá!
WILLY. — Es decir, ¿no fuiste allí?
HAPPY. — Claro que fue.
BIFF. — Fui, sí. Le vi. ¿Cómo pudieron despedirte?
WILLY *(en el borde de su silla).* — ¿Cómo te recibió?
BIFF. — ¿No te dejaron ni trabajar a comisión?
WILLY. — Estoy en la calle. *(Volviendo a la carga.)* Dime, dime, ¿te recibió bien?
HAPPY. — Desde luego, papá, desde luego.
BIFF *(cediendo terreno).* — Bien, fue una especie de...
WILLY. — Yo me preguntaba si te recordaría. (A HAPPY.) ¡Imagínate! No se recibe a la gente así después de diez o doce años...
HAPPY. — Tienes mucha razón.
BIFF *(tratando de volver a la ofensiva).* — Papá, mira...
WILLY. — ¿Sabes por qué te recordó? Porque le causaste una viva impresión en aquel tiempo.
BIFF. — Hablemos serenamente y atengámonos a los hechos, ¿no te parece?
WILLY *(como si BIFF hubiera estado interrumpiendo).* — Bien, ¿qué ha sucedido? Es una gran noticia, Biff. ¿Te llevó a su despacho o hablasteis en la sala de espera?
BIFF. — Bien, mira, entró y...
WILLY *(con una amplia sonrisa).* — ¿Qué te dijo? Apostaría que te abrazó...
BIFF. — Bien, me...

Willy. — Es un hombre magnífico. (A Happy.) No es nada fácil llegar hasta él, ¿sabes?
Happy *(asintiendo)*. — Sí, ya lo sé.
Willy *(a Biff)*. — ¿Es allí donde bebiste?
Biff. — Sí, me dio un par... ¡No, no!
Happy *(interviniendo)*. — Le habló de mi idea de Florida.
Willy. — No interrumpas. (A Biff.) ¿Qué impresión le causó la idea de Florida?
Biff. — Papá, ¿quieres dejarme un minuto para que te explique?
Willy. — Estoy esperando a que me expliques desde que me he sentado aquí. ¿Qué ha sucedido? ¿Te llevó a su despacho o no?
Biff. — Bien, yo hablé... Él me escuchó...
Willy. — Es famosa la forma en que escucha, ¿sabes? ¿Qué te contestó?
Biff. — Me contestó que... *(Se interrumpe, repentinamente enfadado.)* Papá, no me dejas decirte lo que quiero decirte.
Willy *(acusando, furioso)*. — No te viste con él, ¿verdad? Es eso.
Biff. — Me vi con él.
Willy. — ¿Es que le insultaste o algo por el estilo? Le insultaste, ¿verdad?
Biff. — Por favor, déjame hablar, déjame hablar.
Happy. — ¿Qué diablos es esto?
Willy. — ¡Dime lo que sucedió!
Biff *(a Happy.)*. — ¡No hay modo de hablarle!

Una nota aislada de corneta hiere el oído. La luz de las verdes hojas colorea la casa, que tiene un aire nocturno y de ensueño. El joven Bernard entra y llama a la puerta de la casa.

El joven Bernard *(frenéticamente)*. — ¡Señora Loman! ¡Señora Loman!
Happy. — Dile lo que ha pasado.
Biff *(a Happy)*. — ¡Cállate y déjame en paz!
Willy. — ¡No, no! ¡Te hiciste suspender en matemáticas!

BIFF. — ¿Qué matemáticas? ¿De qué estás hablando?
EL JOVEN BERNARD. — ¡Señora Loman! ¡Señora Loman!

LINDA *aparece, como era antaño, en la casa.*

WILLY *(furiosamente).* — ¡Las matemáticas, las matemáticas!
BIFF. — ¡Cálmate, papá!
WILLY *(perdidos los estribos).* — ¡Si no te hubieras dejado suspender, ya estarías ahora encarrilado!
BIFF. — Mira, voy a decirte lo que ha sucedido y tú me vas a escuchar.
EL JOVEN BERNARD. — ¡Señora Loman!
BIFF. — Esperé seis horas...
HAPPY. — ¿Qué tontería estás diciendo?
BIFF. — Hice que le anunciaran varias veces mi visita, pero no me recibió. Finalmente... *(Continúa sin que se le oiga mientras la luz del restaurante se desvanece, hasta quedar muy tenue.)*
EL JOVEN BERNARD. — ¡A Biff le han suspendido en matemáticas!
LINDA. — ¡No!
EL JOVEN BERNARD. — Le ha suspendido Birnbaum. No le van a dar el título.
LINDA. — Pero eso no puede ser. Tiene que ingresar en la universidad. ¿Dónde está él? ¡Biff, Biff!
EL JOVEN BERNARD. — No, se fue. Ha ido a la Estación Central.
LINDA. — ¿A la Central? Es decir, ¿se ha ido a Boston?
EL JOVEN BERNARD. — ¿Es que tío Willy está en Boston?
LINDA. — ¡Oh! Tal vez Willy pueda hablar con el profesor. ¡Pobre muchacho! ¡Pobre Biff!

Desaparece la luz de la zona de la casa.

BIFF *(en la mesa, oyéndosele ahora, mostrando una estilográfica de oro).* — ... de modo que terminé con Oliver, ¿comprendes? ¿Me estás escuchando?
WILLY *(completamente abstraído).* — Sí, desde luego. Si no te hubieras dejado suspender...

Biff. — ¿Qué es eso de suspender? ¿De qué estás hablando?

Willy. — No me eches todas las culpas. No me suspendieron a mí en matemáticas. Fue a ti. ¿Qué estilográfica?

Happy. — Eso es un disparate, Biff; una pluma como esa vale...

Willy *(viendo la pluma por primera vez).* — ¿Te apoderaste de la pluma de Oliver?

Biff *(achicándose).* — Papá, acabo de explicártelo.

Willy. — ¡Robaste la pluma a Bill Oliver!

Biff. — No fue eso exactamente. ¡Es precisamente lo que te he estado explicando!

Happy. — La tenía en la mano y, en ese momento, entró Oliver. Se puso nervioso y la metió en su bolsillo.

Willy. — ¡Cielos, Biff!

Biff. — Nunca tuve intención de hacerlo, papá.

Voz de telefonista. — ¡Standish Arms, buenas noches!

Willy *(gritando).* — ¡No estoy en mi habitación!

Biff *(asustado).* — Papá, ¿qué te pasa? (Biff *y* Happy *se levantan.*)

Telefonista. — ¡Le llaman, señor Loman!

Willy. — ¡No estoy, no estoy! ¡Cállese!

Biff *(horrorizado, pone una rodilla en tierra delante de* Willy*).* — Papá, saldré adelante, saldré adelante. (Willy *trata de levantarse.* Biff *le mantiene sentado.*) Siéntate, vamos...

Willy. — No, no puedes. No sirves para nada.

Biff. — Sirvo, papá, sirvo. Encontraré otra cosa, ¿comprendes? No te preocupes por nada... *(Levanta la cara de su padre.)* Háblame, papá.

Telefonista. — El señor Loman no contesta. ¿Pido que lo busquen?

Willy *(tratando de levantarse, como queriendo correr hacia la telefonista y detenerla).* — ¡No, no, no!

Happy. — Ya dará en el clavo, tú verás, papá.

Willy. — No, no...

Biff *(con desesperación, de pie delante de* Willy). — ¡Papá, escucha! ¡Escúchame! Te digo que saldré adelante. Oliver habló a su socio respecto de la idea de Florida. ¿Me escuchas? Habló... a su socio y volvió conmigo... Voy a salir adelante, ¿me oyes? Papá, escúchame, dijo que sólo era cuestión de cantidad...

Willy. — Entonces... ¿lo conseguiste?

Happy. — Va a ser algo magnífico, papá.

Willy *(tratando de levantarse)*. — Entonces, lo conseguiste, ¿verdad? ¡Lo conseguiste! ¡Lo conseguiste!

Biff *(angustiado, mantiene a* Willy *en su silla)*. — No, no. Mira, papá. Convinimos en que almorzaría con ellos mañana. Te digo esto para que comprendas que todavía puedo causar una buena impresión, papá. Conseguiré otra cosa, pero, claro está, no puedo ir mañana, ¿comprendes?

Willy. — ¿Por qué no? No tienes más que...

Biff. — Pero la pluma, papá...

Willy. — Se la devuelves y le dices que fue una distracción.

Happy. — ¡Claro! Almuerza con ellos mañana.

Biff. — No puedo decir que...

Willy. — Mira, estabas haciendo unas palabras cruzadas y utilizaste accidentalmente su pluma.

Biff. — Escucha, me llevé aquellas pelotas hace años y, ahora, me voy con su pluma... Eso queda, ¿no comprendes? No puedo presentarme delante de él después de lo sucedido. Probaré en otra parte.

Voz de mensajero. — ¡Anotado el señor Loman! Se le busca...

Willy. — ¿Es que quieres ser siempre un don nadie?

Biff. — Papá, ¿cómo puedo volver?

Willy. — Tú no quieres ser nunca nada. Ésa es la madre del cordero, ¿verdad?

Biff *(ahora enfadado al ver que* Willy *no cree en sus buenos deseos)*. — ¡No lo tomes así! ¿Crees que fue fácil para mí ir a aquella oficina después de lo que le hice? Ni un tiro de percherones me hubiera arrastrado ante Bill Oliver.

Willy. — Entonces, ¿por qué fuiste?
Biff. — ¿Por qué fui? ¡Pregunta por qué fui! ¡Mírate, papá! ¡Mírate en qué te has convertido!
Fuera, por la izquierda, La mujer *se ríe.*
Willy. — Biff, o vas mañana a ese almuerzo o...
Biff. — No puedo ir. ¡No hay tal almuerzo!
Happy. — ¡Biff, por...!
Willy. — ¿Me estás mortificando?
Biff. — ¡No lo tomes así! ¡Maldita sea!
Willy *(que golpea a* Biff *y se aparta vacilante de la mesa).* — ¡Asqueroso gusano! ¿Me estás mortificando?
La Mujer. — ¡Alguien está llamando a la puerta, Willy!
Biff. — No sirvo para nada. ¿Es que no puedes verlo?
Happy *(separándolos).* — ¡Vamos, estáis en un restaurante! ¡Basta ya, los dos! *(Entran las jóvenes.)* ¡Hola, muchachas, siéntense!
La mujer *se ríe, por la izquierda.*
Señorita Forsythe. — Creo que es lo mejor que podemos hacer. Les presento a Letta.
La Mujer. — Willy, ¿quieres despertarte de una vez?
Biff *(sin hacer caso de* Willy*).* — ¿Qué tal está usted, señorita? ¿Qué va a beber?
Señorita Forsythe. — Letta tal vez no pueda quedarse mucho tiempo.
Letta. — Tengo que levantarme mañana muy temprano. Tengo que actuar en un jurado. ¡Estoy interesadísima! ¿Han actuado ustedes alguna vez en un jurado?
Biff. — No, pero me he visto ante un jurado. *(Las chicas se ríen.)* Les presento a mi padre.
Letta. — ¡Es lindísimo! Siéntese con nosotros, papito.
Happy. — ¡Siéntate, Biff!
Biff *(acercándose a* Willy*).* — Vamos, remolón, bebamos hasta quedar debajo de la mesa. ¡Manda al diablo todo! Vamos, siéntate, papá.

Ante la insistencia de Biff, Willy *está a punto de sentarse.*

La Mujer *(ahora con urgencia).* — Willy, ¿quieres hacer el favor de acudir a la puerta?

El requerimiento de La mujer *hace retroceder a* Willy, *quien, completamente aturdido, se dirige hacia la derecha.*

Biff. — ¡Eh! ¿Adónde vas?

Willy. — Abre la puerta.

Biff. — ¿La puerta?

Willy. — La sala de aseo... la puerta... ¿Dónde está la puerta?

Biff *(llevando a* Willy *hacia la izquierda).* — Vete derecho y baja.

Willy *va hacia la izquierda.*

La Mujer. — Willy, Willy, ¿vas a levantarte, a levantarte, a levantarte?

Willy *sale por la izquierda.*

Letta. — ¡Qué cosa más simpática que hayan traído a su padre!

Señorita Forsythe. — ¡Bah! No es, en realidad, su padre.

Biff *(a la izquierda, se vuelve hacia ella con resentimiento).* — Señorita Forsythe, acaba usted de ver a un verdadero príncipe. A un noble príncipe dolorido. A un príncipe que ha trabajado duramente y al que nunca se le ha hecho justicia. A un amigo, ¿sabes? A un buen compañero. Siempre entregado a sus chicos.

Letta. — ¡Es un encanto!

Happy. — Bien, muchachas, ¿qué programa tenemos? No hay que perder el tiempo. Vamos, Biff. Recóbrate. ¿Dónde quieren ustedes que vayamos?

Biff. — ¿Por qué no haces algo por él?

Happy. — ¿Yo?

Biff. — ¿Es que te importa un comino, Hap?

Happy. — ¿Qué estás diciendo? Soy yo precisamente el que...

Biff. — Lo veo muy bien. Te importa un comino. *(Saca de su bolsillo el tubo arrollado y lo pone sobre la mesa, delante de* Happy.*)* Mira lo que encontré en el sótano, por el amor de Cristo. ¿Cómo puedes permitir que las cosas sigan así?

Happy. — ¿Yo? ¿Quién es el que se va? ¿Quién se escapa y...?

Biff. — Sí, pero él no supone nada para ti. Tú podrías ayudarle... Yo no puedo. ¿No comprendes a qué me refiero? Va a matarse. ¿No lo ves?

Happy. — ¿No lo veo? ¿Yo?

Biff. — Hap, ayúdale... ¡Cristo! Ayúdale... Ayúdame... Ayúdame, ayúdame... ¡No puedo soportar la mirada de ese rostro! *(A punto de llorar, se aleja de prisa, hacia la derecha.)*

Happy *(disponiéndose a ir tras él)*. — ¿Adónde vas?

Señorita Forsythe. — ¿Por qué está tan excitado?

Happy. — Vamos, chicas, alcancémosle.

Señorita Forsythe *(mientras Happy la empuja)*. — ¡Vaya! No me gusta nada ese carácter...

Happy. — Está un poco con los nervios de punta, pero ya se le pasará.

Willy *(fuera, por la izquierda, mientras La Mujer se ríe)*. — ¡No contestes! ¡No contestes!

Letta. — No quiere a su padre...

Happy. — No, no es mi padre. No es más que un tipo. Vamos, alcancemos a Biff, chiquita. Verás cómo nos divertimos. ¡Stanley! ¿Dónde está la cuenta? ¡Eh, Stanley!

Salen. Stanley mira hacia la izquierda.

Stanley *(llamando a Happy con indignación)*. — ¡Señor Loman! ¡Señor Loman!

Stanley *toma una silla y les sigue afuera. Se oyen unos golpes por la izquierda. Entra La Mujer, riéndose. Willy la sigue. La Mujer está en paños menores; Willy se está abotonando la camisa. Su conversación tiene el acompañamiento de una música cruda y sensual.*

Willy. — ¿Quieres dejar de reírte? ¿Quieres callarte?

La Mujer. — ¿Quieres acudir a la puerta? Va a despertar a todo el hotel.

Willy. — No espero a nadie.

La Mujer. — ¿Por qué no tomas otro trago, chiquito, y dejas de estar tan concentrado?

Willy. — Estoy deprimido.

La Mujer. — ¿Sabes que me has enamorado, Willy? En adelante, siempre que vengas a la oficina, te llevaré derechamente a los clientes. Ya no esperarás nunca frente a mi mesa, Willy. Me has enamorado.

Willy. — Son cosas muy lindas esas que oigo.

La Mujer. — ¡Uf! ¡Qué ensimismado estás! ¿Por qué esa tristeza? Eres el ser más melancólico que he visto en la vida. *(Se ríe.* Willy *la besa.)* Vamos, ven adentro, mi viajante. Es tonto vestirse a media noche. *(Al oír golpes.)* ¿No piensas acudir a la puerta?

Willy. — Se han equivocado. Quieren llamar a otra puerta.

La Mujer. — Pero, ¿no oyes? Y ya nos han oído hablar. ¡Tal vez haya fuego en el hotel!

Willy *(con su terror en aumento).* — Es una equivocación.

La Mujer. — Entonces dile que se vaya.

Willy. — No hay nadie ahí.

La Mujer. — Me está poniendo nerviosa, Willy. ¡Hay alguien ahí fuera y me está poniendo nerviosa!

Willy *(empujándola).* — Muy bien, vete al cuarto de baño y no salgas. Creo que hay en Massachussetts una ley sobre estas cosas, por lo que vale más que no te asomes. Tal vez sea el nuevo empleado. Me pareció un hombre muy ruin. No salgas, pues. Es una equivocación. No hay tal incendio.

Llaman *de nuevo a la puerta.* Willy *se separa unos cuantos pasos de* La Mujer *y ésta se mete entre bastidores. La luz sigue a* Willy, *quien ahora está frente al joven* Biff, *quien trae una maleta.* Biff *se le acerca. La música se ha extinguido.*

Biff. — ¿Por qué no contestaste?

Willy. — ¡Biff! ¿Qué haces en Boston?

Biff. — ¿Por qué no contestaste? Llevo llamando a la puerta cinco minutos... Te he llamado por teléfono...

WILLY. — Acabo de oírte. Estaba en el cuarto de baño, con la puerta cerrada. ¿Ha sucedido algo en casa?
BIFF. — Papá... Te he dejado en mal lugar.
WILLY. — ¿Qué quieres decir?
BIFF. — Papá...
WILLY. — Biff, ¿qué te pasa? *(Tomando a* BIFF *por la cintura.)* Ven, bajemos; tomarás algo caliente.
BIFF. — Papá, me han suspendido en matemáticas.
WILLY. — Pero, ¿no habrás perdido el curso?
BIFF. — Sí, lo he perdido. No he sacado los puntos necesarios para graduarme.
WILLY. — Es decir, Bernard no te ha pasado las soluciones, ¿verdad?
BIFF. — Sí, lo intentó, pero sólo conseguí sesenta y uno.
WILLY. — ¿Y no son capaces de darte esos cuatro puntos que te faltan?
BIFF. — Birnbaum se negó en redondo. Se lo supliqué, papá, pero no me quiere dar esos puntos. Tienes que hablar antes de que cierren el colegio. Porque, si ve qué clase de hombre eres y le hablas como sabes hacerlo, estoy seguro de que me aprobará. ¿Sabes? No he sabido desenvolverme. ¿Le hablarás? Te tomará simpatía, papá. Tú sabes qué bien puedes hablar.
WILLY. — Lo haré. Saldremos en seguida en el coche.
BIFF. — ¡Oh! ¡Gracias, papá! ¡Estoy seguro de que lo hará, si tú se lo pides!
WILLY. — Vete abajo y dile al empleado que me prepare la cuenta. Corre...
BIFF. — Sí, ahora mismo. ¿Sabes? Me tiene manía, papá, porque un día que llegó tarde a clase fui al tablero y le imité. Bizqueé y hablé con un ceceo.
WILLY *(riéndose).* — ¿De veras? ¿Y qué hicieron los chicos?
BIFF. — ¡Casi se murieron de risa!
WILLY. — ¿Sí? ¿Cómo lo hiciste?
BIFF. — La raíz cuadrada de treinta y ceiz ez ceiz... (WILLY *suelta una carcajada y* BIFF *también se ríe.)* Y, en esto, apareció él...

WILLY *sigue riéndose y* LA MUJER *se ríe también, fuera de escena.*

WILLY *(apresuradamente).* — Corre abajo y...

BIFF. — ¿Hay alguien ahí?

WILLY. — No, fue en la otra puerta.

LA MUJER *se ríe, fuera de escena.*

BIFF. — ¡Hay alguien en tu cuarto de baño!

WILLY. — No, es en la puerta inmediata; tienen una fiesta.

LA MUJER *(que entra riéndose).* — ¿Puedo entrar? ¡Hay algo en la bañera, Willy! Es un bicho. Se está moviendo....

WILLY *mira a* BIFF, *quien mira boquiabierto, horrorizado, a* LA MUJER.

WILLY. — ¡Ah! Vale más que vuelva a su habitación. Ya habían terminado de pintarla. Estaban pintando su habitación y le cedí el cuarto de baño para que se duchara... Vuelva, vuelva... *(La empuja.)*

LA MUJER *(resistiéndose).* — Pero tengo que vestirme, Willy... No puedo...

WILLY. — ¡Salga de aquí! Vuelva, vuelva... *(Luchando de pronto por obrar con naturalidad.)* Te presento a la señorita Francis, Biff, una cliente. Están pintando su habitación. Vuelva, señorita Francis, vuelva...

LA MUJER. — Pero mis ropas... No puedo salir al vestíbulo desnuda.

WILLY *(empujándola fuera de la escena).* — ¡Salga de aquí! ¡Váyase, váyase!

BIFF *se sienta lentamente sobre su maleta, mientras la discusión continúa fuera de escena.*

LA MUJER. — ¿Dónde están mis medias? ¡Las medias que me prometiste, Willy!

WILLY. — No tengo medias aquí.

LA MUJER. — ¡Tienes para mí dos cajas del nueve fino y las quiero!

WILLY. — ¡Toma tus medias, por mil diablos, y sal de aquí!

LA MUJER *(que entra con una caja de medias en la*

mano). — Sólo espero que no haya nadie en el vestíbulo. Es todo lo que espero. *(A* Biff.*)* ¿A qué juegas? ¿Al béisbol o al fútbol?

Biff. — Fútbol.

La Mujer *(enfadada, humillada)*. — A eso juegan también conmigo. Buenas noches. *(Toma sus ropas de manos de* Willy *y se va.)*

Willy *(tras una pausa)*. — Bien, vámonos. Quiero estar en el colegio a primera hora de la mañana. Saca mis trajes del armario. Voy a traer mi maleta. (Biff *no se mueve.)* ¿Qué te pasa? (Biff *continúa inmóvil; las lágrimas ruedan por sus mejillas.)* Es una cliente. Compra para J. H. Simmons. Tiene su habitación abajo y la estaban pintando. No te imagines... *(Se interrumpe. Tras una pausa.)* Vamos, óyelo bien, muchacho, no es más que una cliente. Ve las mercaderías en su habitación y las cosas tienen que ser así... *(Pausa. Asumiendo una actitud de mando.)* Deja de llorar y haz lo que te digo. Te he dado una orden. ¡Biff, te he dado una orden! ¿Es así como obedeces? ¿Cómo te atreves a llorar? *(Echando un brazo a los hombros de* Biff.*)* Mira, Biff cuando seas mayor, comprenderás estas cosas. No tienes... no tienes que dar tanta importancia a una cosa así. Lo primero que voy a hacer por la mañana es verme con Birnbaum.

Biff. — No importa.

Willy *(agachándose junto a* Biff*)*. — ¿No importa? Te va a dar esos puntos. Tú lo verás.

Biff. — No te hará caso.

Willy. — Tú verás si no me hace caso. Necesitas esos puntos para la Universidad de Virginia.

Biff. — No pienso ir allí.

Willy. — ¿Cómo? Si no consigo que te cambie la puntuación, puedes seguir el curso de verano. Tienes todo el verano para...

Biff *(que está rompiendo a llorar)*. — Papá...

Willy *(muy afectado)*. — ¡Hijo mío!

Biff. — Papá...

Willy. — Esa mujer no significa nada para mí, Biff. Me sentía solo, muy solo...

BIFF. — Tú... le has dado las medias de mamá. *(Llora desconsoladamente y se levanta para irse.)*

WILLY *(tratando de agarrar a BIFF).* — ¡Te he dado una orden!

BIFF. — ¡No me toques! Tú... mentiroso.

WILLY. — ¡Pídeme en seguida perdón!

BIFF. — ¡Tú... farsante! ¡Un ínfimo farsante! ¡Farsante! *(Dominado por sus emociones, se vuelve rápidamente y, llorando con amargura, sale con su maleta. WILLY queda de rodillas en el piso.)*

WILLY. — ¡Te he dado una orden! ¡Biff, vuelve o vas a sentirlo! ¡Vuelve aquí! ¡Voy a molerte a golpes!

STANLEY *entra rápidamente por la derecha y se detiene frente a* WILLY.

WILLY *(gritando, a STANLEY).* — ¡Te he dado una orden!

STANLEY. — ¡Vamos, recóbrese, recóbrese, señor Loman! *(Ayuda a WILLY a levantarse.)* Sus hijos se fueron con esas zorras. Dijeron que fuera usted a esperarles a casa.

Un segundo mozo contempla la escena desde cierta distancia.

WILLY. — Pero si íbamos a cenar juntos...

Se oye música, con el tema de WILLY.

STANLEY. — ¿Puede usted arreglarse?

WILLY. — Sí, desde luego... Puedo arreglarme. *(Preocupado repentinamente por sus ropas.)* ¿Estoy... presentable?

STANLEY. — Sí, está muy bien. *(Quita alguna mota de la solapa de* WILLY.*)*

WILLY. — Tome.... Tenga este dólar.

STANLEY. — ¡Oh! Su hijo me ha pagado ya. Está muy bien.

WILLY *(poniendo el dólar en la mano de STANLEY).* — No, tómelo. Es usted un buen muchacho.

STANLEY. — ¡Oh, no, no tiene usted que...!

WILLY. — Tome, tome... Aquí tiene más. Yo ya no necesito dinero. *(Después de una breve pausa.)* Dígame... ¿Hay un comercio de semillas por aquí cerca?

STANLEY. — ¿Semillas? ¿De plantas?

Mientras WILLY *se vuelve,* STANLEY *le pone de nuevo el dinero en el bolsillo de la chaqueta.*

WILLY. — Sí. Zanahorias, guisantes...

STANLEY. — Bien, hay un comercio de esa clase en la Sexta Avenida, pero tal vez sea demasiado tarde.

WILLY *(con ansiedad).* — ¡Oh, voy a darme prisa! Quiero comprar unas semillas. *(Inicia la marcha hacia la derecha.)* Tengo que conseguir unas semillas sin pérdida de tiempo. No tengo nada plantado. No tengo ni una sola cosa en la tierra.

WILLY *sale de prisa mientras la luz disminuye.* STANLEY *se desplaza hacia la derecha tras él y le observa marcharse. El otro mozo ha estado mirando a* WILLY.

STANLEY *(al mozo).* — Bien, ¿qué andas tú mirando?

El mozo recoge las sillas y se va por la derecha. STANLEY *recoge la mesa y le sigue. La luz se desvanece en esta zona. Hay una larga pausa y se oye el sonido de la flauta, cada vez, más fuerte. Surge poco a poco la luz en la cocina, que está vacía.* HAPPY *aparece en la puerta de la casa, seguido de* BIFF. *El primero trae un ramillete de rosas con largos tallos. Entra en la cocina y busca a* LINDA. *Al no verla, se vuelve hacia* BIFF —*que se ha quedado fuera, junto a la entrada*— *y le hace un ademán con las manos, como diciendo: "No está aquí". Mira en la sala y queda helado. Dentro,* LINDA, *a la que no se ve, está sentada, con la chaqueta de* WILLY *sobre las rodillas. Se levanta en actitud siniestra y, lentamente, avanza hacia* HAPPY, *quien retrocede en la cocina, asustado.*

HAPPY. — ¡Oh! ¿Qué haces levantada? (LINDA *no contesta, pero avanza hacia él de modo implacable.*) ¿Dónde está papá? *(Sigue retrocediendo hacia la derecha y, ahora, se ve a* LINDA *en la puerta de la sala.)* ¿Está durmiendo?

LINDA. — ¿Dónde habéis estado?

Happy (*tratando de tomar las cosas a la ligera*). — Encontramos a dos chicas, mamá, muy simpáticas. Mira, te traemos unas flores. (*Ofrece el ramillete a su madre.*) Ponlas en tu habitación, mamá.

Linda *las tira al suelo a los pies de* Biff. *Éste ha entrado y cerrado la puerta tras él.* Linda *mira a* Biff *en silencio.*

Happy. — ¡Vamos, mamá! ¿Por qué has hecho eso? Yo quiero que tengas unas flores...

Linda (*interrumpiendo a* Happy *y dirigiéndose violentamente a* Biff). — ¿No te importa que viva o muera?

Happy (*dirigiéndose a las escaleras*). — Ven arriba, Biff.

Biff (*con un gesto de asco, a* Happy). — ¡Vete! (*A* Linda.) ¿Qué quieres decir con eso de que viva o muera? Nadie va a morir aquí, mamita.

Linda. — ¡Sal de mi vista! ¡Sal de aquí!

Biff. — Quiero ver a mi padre.

Linda. — ¡No te acercarás a él!

Biff. — ¿Dónde está? (*Entra en la sala y* Linda *le sigue.*)

Linda (*gritando tras* Biff). — Le invitasteis a cenar. Estuvo con esa ilusión todo el día... (Biff *aparece en el dormitorio de sus padres, mira en torno y sale.*) ...y le abandonáis allí. ¡Ni un extraño hubiera sido capaz de una cosa así!

Happy. — Pero, ¿qué pasa? Lo pasó magníficamente con nosotros. Escucha. (Linda *vuelve a la cocina.*) Si yo algún día le abandonara...

Linda. — ¡Fuera de aquí!

Happy. — Mira, mamá...

Linda. — Tenías que irte con mujeres también esta noche, ¿verdad? ¡Estoy harta de ti y de tus asquerosas zorras!

Biff *vuelve a la cocina.*

Happy. — Mamá, todo lo que hicimos fue seguir a Biff y tratar de animarle... (*A* Biff.) ¡Vaya noche que me has dado!

Linda. — ¡Fuera de aquí los dos y no volváis más! ¡No quiero que le sigáis atormentando! ¡Vamos, fuera, recoged vuestras cosas! *(A Biff.)* Puedes dormir en su departamento. *(Comienza a recoger las flores, pero se detiene.)* ¡Recoged esta basura; ya no soy vuestra criada! ¡Recogedla, holgazanes!

Happy le vuelve la espalda, negándose. Biff se acerca lentamente, se arrodilla y recoge las flores.

Linda. — ¡Sois un par de bestias feroces! ¡No hay un ser vivo tan cruel como para abandonar a este hombre en un restaurante!

Biff *(sin mirar a su madre)*. — ¿Es eso lo que dijo?

Linda. — No tuvo necesidad de decir nada. Estaba tan humillado, que casi se arrastraba cuando entró.

Happy. — Pero, mamá, si lo pasó en grande con nosotros...

Biff *(interrumpiéndole con violencia)*. — ¡Cállate!

Sin decir una palabra más, Happy sube por las escaleras.

Linda. — ¡Tú! ¡Ni siquiera fuiste a ver si estaba bien!

Biff *(todavía arrodillado en el suelo, frente a Linda, con las flores en la mano, con asco de sí mismo)*. — No. No lo hizo. No hizo ni esto así. ¿Qué te parece? Dejarle delirando en un retrete...

Linda. — Granuja, más que granuja. Tú...

Biff. — Pega, pega con fuerza... *(Se levanta y arroja las flores a la caja de basura.)* Tienes delante a la escoria de la tierra...

Linda. — ¡Fuera de aquí!

Biff. — Tengo que hablar con papá, mamá. ¿Dónde está?

Linda. — ¡No te acercarás a él! ¡Sal de esta casa!

Biff *(con absoluta decisión)*. — Vamos a tener una conversación muy franca él y yo.

Linda. — ¡No hablarás con él!

Se oyen golpes procedentes de fuera de la casa, por la derecha, Biff se vuelve hacia el ruido.

Linda *(repentinamente suplicante)*. — Por favor, ¿quieres dejarle solo?

Biff. — ¿Qué está haciendo ahí?
Linda. — Está sembrando en el jardín.
Biff *(en voz baja).* — ¿Ahora? ¡Cielos!

Biff va afuera, seguido de Linda. La luz va extinguiéndose en ellos y aparece en el centro del tablado, en el momento en que Willy entra en él. Trae una lámpara de mano, una azada y un puñado de paquetes de semillas. Da un golpe seco con la azada para dejarla asegurada y se desplaza hacia la izquierda, midiendo la distancia con su pie. Dirige la luz de la lámpara de mano a los paquetes de semillas y lee las instrucciones. Está en la tonalidad azul de la noche.

Willy. — Zanahorias... medio centímetro aparte. Filas... a un pie cada fila. *(Mide.)* Un pie. *(Deja en el suelo un paquete y mide.)* Remolachas. *(Deja en el suelo otro paquete y vuelve a medir.)* Lechugas. *(Lee en el paquete y lo deja en el suelo.)* Un pie... *(Se interrumpe cuando* Ben *aparece por la derecha y avanza lentamente hacia él.)* ¡Qué oferta, ts, ts...! Imponente, imponente... Porque esta mujer, Ben, ha sufrido mucho. ¿Me comprendes? Un hombre no puede irse tal como vino, Ben, un hombre tiene que añadir algo a algo. No se puede, no se puede... *(Ben se le acerca como para interrumpirle.)* Tienes que pensarlo. No contestes tan pronto. Recuerda... Es una oferta garantizada de veinte mil dólares. Mira, Ben, quiero que estudies conmigo todos los detalles del asunto. No tengo a nadie con quien hablar, Ben, y esta mujer ha sufrido mucho, ¿me oyes?

Ben *(inmóvil, meditando).* — ¿En qué consiste la oferta?

Willy. — Son veinte mil dólares en caja. Garantizados, sin trampa ni cartón, ¿comprendes?

Ben. — Ten cuidado y no cometas una tontería. Cabría muy bien que se negaran a cumplir la póliza.

Willy. — ¿Cómo es posible? ¿No he trabajado como un negro para pagar puntualmente las primas? ¿Y ahora no pagarían? ¡Imposible!

Ben. — Eso se llama una cobardía, William.

Willy. — ¿Por qué? ¿Hay más valor en quedarme aquí el resto de mi vida, significando un cero a la izquierda?

Ben *(cediendo)*. — De eso se trata, William. *(Se desplaza, meditando y se vuelve.)* Y veinte mil... Eso *es* algo que se palpa, algo muy tangible.

Willy *(ahora seguro, cada vez más dueño de la situación)*. — ¡Oh, Ben, eso es lo bonito! Lo veo como un diamante, duro áspero, que brilla en la oscuridad, que puedo recoger y palpar. No es como... una conversación. Esto no será como esas malditas conversaciones que no conducen a nada. Lo cambia todo, Ben. Porque él cree que yo soy un don nadie; por eso me insulta. Pero en el entierro... *(Se endereza.)* En ese entierro, habrá una multitud, Ben. ¡Vendrán de Maine, Massachussetts, Vermont, Nueva Hampshire! ¡Todos los de antes, con aquellas curiosas placas de la licencia! Ese chico quedará impresionado, Ben, porque nunca ha comprendido. ¡Soy muy conocido! En Rhode Island, en Nueva York, en Nueva Jersey... ¡Soy muy conocido, Ben, y él lo verá con sus propios ojos, de una vez para siempre! ¡Verá quién soy yo, Ben! Y ese chico necesita una sacudida...

Ben *(que se acerca al borde del jardín)*. — Te llamará cobarde.

Willy *(con repentino miedo)*. — ¡No, eso sería terrible!

Ben. — Sí. Y un imbécil.

Willy. — No, no, no puede hacer eso... ¡No lo admito! *(Se siente abrumado, desesperado.)*

Ben. — Te odiará, William.

Se oye la música alegre de los chicos.

Willy. — ¡Oh, Ben! ¿Cómo se podría volver a aquellos buenos tiempos? ¡Estaban tan llenos de luz y cariño! Andábamos en trineo en invierno y yo disfrutaba contemplando aquellos encendidos carrillos de mi chico... Y siempre había alguna buena noticia, siempre nos esperaba algo bueno. Nunca me dejaba llevar las maletas a casa. ¡Y cómo cuidaba aquel cochecito rojo! ¿Por qué no puedo darle algo? ¿Qué he de hacer para que no me odie?

BEN. — Déjame pensar un poco. *(Mira en su reloj.)* Todavía dispongo de algún tiempo. Es una oferta muy digna de estudio, pero tienes que cuidar de no hacer ninguna tontería.

BEN *se va hacia el fondo y sale de la luz.* BIFF *se adelanta desde la izquierda.*

WILLY *(dándose cuenta repentinamente de la presencia de* BIFF, *se vuelve y levanta la vista hacia su hijo. Luego, comienza a recoger los paquetes de semillas, muy confundido.)* — ¿Dónde demonios están esas semillas? *(Con indignación.)* ¡No hay modo de ver nada aquí! ¡Con esa maldita vecindad, nos han metido en un agujero!

BIFF. — Estamos rodeados de gente. ¿No lo comprendes?

WILLY. — Estoy atareado. No me molestes.

BIFF *(quitando la azada a* WILLY*).* — He venido a decirte adiós, papá. (WILLY *le mira, silencioso, incapaz de moverse.)* Ya no volveré más.

WILLY. — ¿No vas a verte mañana con Oliver?

BIFF. — No tengo cita alguna con él, papá.

WILLY. — ¿Te abrazó y dices que no tienes cita alguna con él?

BIFF. — Papá, ¿hay algún modo de que comprendas esto? Cada vez que me he marchado, ha sido una pelea lo que me ha sacado de aquí. Hoy, he comprendido algo acerca de mí y he tratado de explicártelo y... Creo sencillamente que no tengo la habilidad necesaria para hacértelo comprender. No importa de quién es la culpa. ¡Al diablo con todo eso! *(Toma a* WILLY *por un brazo.)* Aclarémoslo todo, ¿quieres? Ven, se lo diremos a mamá. *(Trata con suavidad de llevar a* WILLY *hacia la izquierda.)*

WILLY *(helado, inmóvil, con acento de culpabilidad).* — No, no quiero verla.

Biff. — ¡Ven! *(Tira de nuevo de Willy, quien trata de desprenderse.)*

Willy *(muy nervioso).* — No, no, no quiero verla.

Biff *(que procura mirar a Willy a la cara, como buscando en ella una explicación).* — ¿Por qué no quieres verla?

Willy *(con más aspereza ahora).* — ¿Quieres no molestarme?

Biff. — ¿Qué significa eso de no querer verla? No querrás que se te llame flojo, ¿verdad? No es tu culpa; es la mía. Soy un inútil. ¡Ven, entremos! (Willy *lucha por desprenderse.)* ¿Me has oído?

Willy *se desprende y entra rápidamente en la casa por sí solo.* Biff *le sigue.*

Linda *(a Willy).* — ¿Has sembrado querido?

Biff *(en la puerta, a Linda).* — Ya está, mamá, todo arreglado. Me voy y no escribiré más.

Linda *(acercándose a Willy, en la cocina).* — Creo que es la solución mejor, querido. Porque es inútil empeñarse. Nunca os entenderéis.

Willy *no contesta.*

Biff. — Si os preguntan dónde estoy y a qué me dedico, decidles que no lo sabéis ni os importa. De ese modo, todo el asunto quedará olvidado y las cosas volverán a ser mejores para vosotros. ¿De acuerdo? Esto despeja el horizonte, ¿verdad? (Willy *permanece silencioso y* Biff *se le acerca.)* Vas a desearme buena suerte, ¿verdad, papá? *(Le tiende la mano.)* ¿Qué dices?

Linda. — Dale la mano, Willy.

Willy *(volviéndose hacia ella, muy dolido).* — En realidad no hay necesidad de mencionar la pluma para nada, ¿sabes?

Biff *(cariñosamente).* — Pero si no me ha citado, papá.

Willy *(con un acento de ira).* — ¿No te ha abrazado acaso?

Biff — Papá, nunca comprenderás lo que soy. ¿Para qué, pues, discutir? Si tengo suerte, os enviaré un cheque. Entre tanto, olvidaos de que vivo.

Willy (*a* Linda). — No es más que rencor, ¿ves?
Biff. — Dame la mano, papá.
Willy. — No tendrás mi mano.
Biff. — No pensaba irme de esta manera.
Willy. — Bien, de esta manera te vas. Adiós.

Biff *le mira un momento; después, se vuelve bruscamente y se dirige a las escaleras.*

Willy (*gritándole*). — ¡Ojalá te pudras en el infierno, si te vas de esta casa!
Biff (*volviéndose*). — ¿Quieres decirme con claridad qué quieres de mí?
Willy. — ¡Quiero que sepas, en el tren, en el monte, en el campo, donde quiera que vayas, que te hundiste a ti mismo sólo por rencor!
Biff. — No, no.
Willy. — ¡Rencor, rencor, ésa es la palabra para tu ruina! Y, cuando estés totalmente hundido, recuerda que ha sido la causa de todo. ¡Cuando te estés pudriendo por ahí, junto a las vías, recuérdalo y no me eches la culpa!
Biff. — ¡No te echo la culpa de nada!
Willy. — Nadie podrá echarme en cara esto, ¿me oyes?

Happy *baja por las escaleras y queda de pie en el último peldaño, observando.*

Biff. — Es eso precisamente lo que te estoy diciendo.
Willy (*dejándose caer en una silla, junto a la mesa, y acusando*). — ¡Estás queriendo hundirme un cuchillo! ¡No creas que no me doy cuenta de lo que haces!
Biff. — ¡Muy bien, basta de comedias! Pongamos las cosas en claro. (*Saca de su bolsillo el tubo de goma y lo pone sobre la mesa.*)
Happy. — ¿Estás loco?
Linda. — ¡Biff! (*Avanza para agarrar el tubo, pero* Biff *lo retiene en la mesa con la mano.*)
Biff. — ¡Déjalo aquí! ¡No lo muevas!
Willy (*sin mirarlo*). — ¿Qué es eso?
Biff. — Tú sabes perfectamente qué es.

Willy (*acorralado, buscando una salida*). — Nunca lo vi.

Biff. — Lo viste. ¡Los ratones no lo han llevado al sótano! ¿Qué pensabas hacer? ¿Convertirte en un héroe a mis ojos? ¿Crees que así tendría pena por ti?

Willy. — No sé qué es eso.

Biff. — Nadie te tendrá pena, ¿me oyes? ¡Nadie!

Willy (*a* Linda). — ¿Oyes qué despecho, qué rencor?

Biff. — ¡No! ¡Vas a oír la verdad! ¡Lo que tú eres y lo que soy yo!

Linda. — ¡Cállate!

Willy. — ¡No es más que rencor!

Happy (*bajando y avanzando hacia* Biff). — ¿Quieres callarte?

Biff (*a* Happy). — ¡No sabe quiénes somos! ¡Y va a saberlo! (*A* Willy.) ¡Nunca se ha dicho la verdad en esta casa!

Happy. — ¡Siempre hemos dicho la verdad!

Biff (*volviéndose hacia* Happy). — ¡Tú, por ejemplo, grandísimo embustero! ¿Eres acaso el ayudante del jefe de compras? ¿No eres acaso uno de los ayudantes del ayudante? ¡Di!

Happy. — Bien, prácticamente...

Biff. — ¡Prácticamente, estás hinchado como una pompa de jabón! ¡Todos lo estamos! ¡Y estoy harto! (*A* Willy.) Ahora escucha esto, William Loman; éste soy yo...

Willy. — ¡Te conozco muy bien!

Biff. — ¿Sabes por qué no tuve una dirección durante tres meses? Robé un traje en Kansas City y estuve en la cárcel. (*A* Linda, *que está llorando.*) ¡No llores! ¡Estoy harto!

Linda *se aparta de ellos, cubriéndose el rostro con las manos.*

Willy. — ¡Supongo que eso será mi culpa!

Biff. — ¡He perdido del mismo modo todas las colocaciones que tuve desde que dejé el colegio!

Willy. — ¿Y de quién es la culpa?

Biff. — ¡Y nunca he llegado a ninguna parte porque

me llenaste tanto la cabeza que nunca pude recibir órdenes de nadie! ¡Ahí está la culpa!

WILLY. — ¡Que tenga que oír eso!

BIFF. — ¡Es hora, Cristo, de que lo oigas! ¡Tenía que hacerme un personaje en dos semanas! ¡Y estoy harto!

WILLY. — ¡Entonces, ahórcate! ¡Anda, ahórcate, por rencor!

BIFF. — ¡No, nadie va a ahorcarse, William Loman! Hoy, bajé corriendo once pisos con una pluma en la mano. Y, de pronto, me detuve, ¿me oyes? En medio de aquel edificio de oficinas, ¿me oyes? Me detuve allí y vi... el cielo. Vi las cosas que me gustan en este mundo. El trabajo, la comida, sentarme y fumar un cigarrillo... Miré la pluma y me dije: ¿para qué diablos me he apoderado de esto? ¿Por qué estoy empeñado en ser lo que no quiero ser? ¿Qué hago en una oficina, convertido en un necio despreciable y mendicante, cuando todo lo que quiero es aire libre, que llegue el momento en que pueda decir que sé quién soy? ¿Por qué no puedo decir eso, William Loman?

Trata de que WILLY *lo mire, pero* WILLY *se aparta, desplazándose hacia la izquierda.*

WILLY *(con rabia, amenazador)*. — ¡Las puertas de tu vida están abiertas de par en par!

BIFF. — ¡Papá! Soy de los de a ochavo la docena... y eso eres tú también.

WILLY *(volviéndose hacia* BIFF, *furioso, sin poderse contener)*. — ¡Yo no soy de los de a ochavo la docena! ¡Soy William Loman y tú eres Biff Loman!

BIFF *avanza hacia* WILLY, *pero* HAPPY *le cierra el paso. En su furia,* BIFF *parece dispuesto a agredir a su padre.*

BIFF. — No soy un gran hombre, Willy Loman, y tampoco lo eres tú. ¡Nunca has sido más que un viajante que ha trabajado sin reposo y que ha acabado en el cajón de la basura, como todos los de tu clase! ¡Y yo, Willy Loman, soy un hombre a dólar por hora! He probado en siete estados y no he podido pasar de ahí. ¡A dólar por hora! ¿Comprendes lo que quiero decir? ¡Ya no traigo premios a casa y es hora de que no esperes que los traiga!

Willy *(directamente a* Biff*).* — ¡Eres un bicho vengativo y rencoroso!

Biff *se desprende de* Happy*.* Willy*, asustado, trata de subir por las escaleras.* Biff *le agarra.*

Biff *(en el colmo del furor).* — ¡Papá, no soy nada! ¡Absolutamente nada! ¿No puedes comprenderlo? No hay ya en esto el menor rencor. Soy lo que soy; nada más.

El furor de Biff *se ha consumido.* Biff *se derrumba, sollozando, apoyándose en* Willy*, quien busca sin decir nada la cara de su hijo.*

Willy *(atónito).* — ¿Qué estás haciendo? ¿Qué estás haciendo? *(A* Linda.*)* ¿Por qué llora?

Biff *(llorando, deshecho).* — ¿Vas a dejar que me vaya, por los clavos de Cristo? ¿Abandonarás ese sueño sin sentido y lo quemarás antes de que suceda algo? *(Luchando por dominarse, se aparta y se dirige a las escaleras.)* Me iré por la mañana. Acostadle... llevadle a la cama. *(Agotado,* Biff *sube a su habitación.)*

Willy *(después de una larga pausa, asombrado, reconfortado).* — ¿No es... algo notable? ¡Biff... me tiene afecto!

Linda. — ¡Te quiere, Willy!

Happy *(muy emocionado).* — ¡Siempre te ha querido, papá!

Willy. — ¡Oh, Biff! *(Con los ojos muy abiertos.)* ¡Ha llorado! ¡Me ha llorado! *(El cariño le ahoga y, ahora, lanza el grito de su promesa.)* ¡Ese chico...! ¡Ese chico va a ser algo excepcional!

Ben *se muestra a la luz, inmediatamente fuera de la cocina.*

Ben. — Sí, excepcional, con veinte mil dólares detrás.

LINDA *(dándose cuenta de los vertiginosos pensamientos de* WILLY, *temerosa, con cuidado).* — Ahora, ven a la cama, Willy. Todo está arreglado.

WILLY *(que ha de contenerse para no salir corriendo de la casa).* — Sí, vámonos a dormir. Vamos. Vete a dormir, Hap.

BEN. — Y no cuesta mucho a un gran hombre imponerse en la selva.

Con temerosos acentos, se oye la música idílica de BEN.

HAPPY *(tomando a* LINDA *por la cintura).* — Voy a casarme, papá, recuérdalo. Voy a cambiar por completo. Voy a estar al frente de esa sección antes de que acabe el año. Tú lo verás, mamá. *(Besa a su madre.)*

BEN. — La selva es sombría, pero está llena de diamantes, Willy.

WILLY *se vuelve y se desplaza, escuchando a* BEN.

LINDA. — Pórtate bien. Los dos sois buenos chicos; proceded como tales. Eso es todo.

HAPPY. — Buenas noches, papá. *(Sube por las escaleras.)*

LINDA *(a* WILLY*).* — Ven, querido.

BEN *(con más fuerza).* — Hay que entrar en ella si se quiere salir con un diamante.

WILLY *(a* LINDA, *mientras se mueve lentamente a lo largo del linde de la cocina, hacia la puerta).* — Quiero calmarme un poco, Linda. Déjame que me siente a solas un rato.

LINDA *(casi expresando su miedo).* — Te quiero tener arriba.

WILLY *(abrazándola).* — Dentro de unos minutos, Linda. No podría dormir en este momento. Sube; estás terriblemente cansada. *(Besa a* LINDA.*)*

BEN. — Eso, desde luego, no es una conversación. Un diamante es algo tan tangible, duro al tacto.

WILLY. — Vete, vete... Me calmaré en seguida.

LINDA. — Creo que es la única solución, Willy.

WILLY. — Desde luego, es lo mejor.

BEN. — Sí, es lo mejor.
WILLY. — Es la única solución. Todo va a... Sube, chiquita; vete a la cama. Estás cansadísima.
LINDA. — Ven en seguida.
WILLY. — Dentro de dos minutos.

LINDA *entra en la sala y reaparece en su dormitorio. WILLY se mueve y se coloca inmediatamente fuera de la puerta de la cocina.*

WILLY. — Me quiere. *(Maravillado.)* Siempre me ha querido. ¿No es notable? Ben, ¡me pondrá en un altar cuando lo haga!
BEN *(prometiendo).* — Es un sitio muy sombrío, pero está lleno de diamantes.
WILLY. — ¿Ya te imaginas a esa magnificencia de muchacho con veinte mil dólares en el bolsillo?
LINDA *(llamando desde su habitación).* — ¡Willy! ¡Sube!
WILLY *(llamando al interior de la cocina).* — ¡Sí sí! ¡Voy en seguida! Es algo excelente, ¿no lo ves, chiquita? Hasta Ben lo ve así. Tengo que ir, chiquita. Adiós, adiós. *(Se acerca a* BEN, *casi bailando.)* ¿Te imaginas? Cuando llegue el correo, estará otra vez delante de Bernard.
BEN. — Es algo perfecto desde todos los puntos de vista.
WILLY. — ¿Viste cómo lloró por mí? ¡Si pudiera darle un beso, Ben!
BEN. — Todo llegará, William, todo llegará.
WILLY. — ¡Oh, Ben! Yo sabía que, de un modo u otro, llegaríamos a entendernos, Biff y yo.
BEN *(mirando en su reloj).* — El barco. Llegaremos tarde. *(Se pierde lentamente en la oscuridad.)*
WILLY *(de modo elegíaco, volviéndose hacia la casa).* — Mira, muchacho, cuando se inicie el juego, quiero que te lances hacia adelante, dominando bien el balón, y que, cuando tires, tires bajo y con fuerza porque eso es muy importante. *(Da media vuelta y mira al auditorio.)* Hay toda clase de personajes en las tribunas, muchacho, y lo primero que debes sa-

ber... *(Dándose cuenta repentinamente de que está solo.)* ¡Ben, Ben! ¿Dónde estás? *(Lo busca.)* Ben, ¿cómo puedo...?

LINDA *(llamando).* — Willy, ¿vas a subir?

WILLY *(que lanza una apagada exclamación de temor y se agita, como tratando de tranquilizar a* LINDA*).* — Sss... *(Se vuelve como buscando su camino; los ruidos, las caras y las voces parecen danzar a su alrededor y les manotea, llorando.)* ¡Ssss... sss...! *(En esto, le detiene una música débil y alta. Es una música cuya intensidad aumenta, hasta hacerse casi un chillido insoportable.* WILLY *anda de un lado a otro de puntillas y desparece a toda prisa, doblando la esquina de la casa.)* ¡Sss...!

LINDA. — ¡Willy!

No hay contestación. LINDA *espera.* BIFF *salta de la cama, está todavía vestido.* HAPPY *se sienta en su cama.* BIFF, *de pie, escucha.*

LINDA *(con verdadero miedo).* — ¡Willy, contéstame! ¡Willy!

Se oye el ruido de un coche que se pone en marcha y se aleja a toda velocidad.

LINDA. — ¡No!

BIFF *(bajando corriendo por las escaleras).* — ¡Papá!

Mientras el coche se aleja, la música se derrumba en un frenesí de sonidos que acaba transformándose en la suave pulsación de una sola cuerda de violonchelo. BIFF *vuelve lentamente a su dormitorio. Él y* HAPPY *se ponen gravemente sus chaquetas.* LINDA *sale lentamente de su habitación. La música se ha transformado en una marcha fúnebre. Las hojas del día están apareciendo sobre todas las cosas.* CHARLEY *y* BERNARD, *vestidos de oscuro, aparecen y llaman a la puerta de la cocina, mientras* BIFF *y* HAPPY *entran en ella. Todos se detienen un momento cuando* LINDA, *enlutada, llevando un ramillete de rosas, entra en la cocina por la puerta de la sala. Se acerca a* CHARLEY *y toma su brazo. Ahora todos se dirigen hacia el auditorio, a través de la pared de la cocina. En el límite del tablado,* LINDA *deja las flores en el suelo, se arrodilla y se sienta sobre sus talones. Todos miran a la tumba.*

RÉQUIEM

CHARLEY. — Está oscureciendo, Linda.

LINDA *no reacciona. Sigue mirando a la tumba.*

BIFF. — ¿Vamos, mamá? Te conviene descansar. Van a cerrar pronto las puertas.

LINDA *no se mueve. Pausa.*

HAPPY *(muy amargado).* — No tenía derecho a hacer esto. No había ninguna necesidad. Nosotros le hubiéramos ayudado.

CHARLEY *(gruñendo).* — Hmmm...

BIFF. — Vamos, mamá.

LINDA. — ¿Por qué no ha venido nadie?

CHARLEY. — Fue un entierro muy digno.

LINDA. — Pero, ¿dónde está toda esa gente que conocía? Tal vez se lo reprochan.

CHARLEY. — No. Es un mundo muy cruel, Linda. No se lo reprocharían.

LINDA. — No puedo comprenderlo. En estos momentos, especialmente. Por primera vez en treinta y cinco años, estábamos con todo pagado, sin obligaciones. Sólo necesitaba un modesto sueldo. Había terminado hasta con el dentista.

CHARLEY. — No sólo se necesita un modesto sueldo.

LINDA. — No puedo comprenderlo.

BIFF. — Hubo días muy felices. Cuando volvía a casa de un viaje... O los domingos, haciendo la escalinata, terminando el sótano, instalando el pórtico nuevo... O cuando construyó el segundo cuarto de baño o levantó la cochera... ¿Sabe, Charley? Hay mucho más de su persona en esa escalinata de delante que en todas las ventas que hizo en su vida.

CHARLEY. — Sí... Era un hombre feliz con una mezcla de cemento.

Linda. — Era maravilloso con sus manos.

Biff. — Tuvo unos sueños equivocados. Totalmente equivocados.

Happy *(casi dispuesto a pegar a* Biff*).* — ¡No digas eso!

Biff. — Nunca supo quién era.

Charley *(deteniendo el ademán y la réplica de* Happy*).* — Nadie puede acusar a este hombre. No comprendéis: Willy era un viajante. Y, para un viajante, no hay tierra firme en la vida. No pone una tuerca a un tornillo, no nos dice cuál es la ley, no nos administra medicinas. Es un hombre en el aire, cabalgando en una sonrisa y el brillo de unos zapatos. Y cuando no le devuelven la sonrisa, se produce un terremoto. Y cuando aparecen un par de manchas en el sombrero, está acabado. Nadie puede acusar a este hombre. Un viajante tiene que soñar, muchacho. Es muy natural...

Biff. — Charley, nuestro padre no sabía quién era.

Happy *(enfurecido).* — ¡No digas eso!

Biff. — ¿Por qué no vienes conmigo, Happy?

Happy. — A mí no se me vence tan fácilmente. Me voy a quedar en esta ciudad y me impondré a esta chusma. *(Mira a* Biff, *con expresión decidida.)* ¡Los Hermanos Loman!

Biff. — Yo sé quién soy, hermano.

Happy. — Muy bien, como tú quieras. Voy a mostrarte y voy a mostrar a todos que Willy Loman no murió en vano. Tuvo un buen sueño. Es el único sueño que se puede tener: quedar el primero, imponerse a los demás. Libró el combate aquí y es aquí donde yo triunfaré en su nombre.

Biff *(tras mirar desesperadamente a* Happy, *se inclina hacia su madre).* — Vamos, mamá.

Linda. — En seguida, en seguida... Poneos en marcha, Charley. *(Éste vacila.)* Quiero quedarme un minuto con él. Nunca tuve oportunidad de decirle adiós.

Charley *se aleja, seguido de* Happy. Biff *se queda*

a corta distancia de Linda, *hacia la izquierda.* Linda *sigue sentada, concentrada. Se oye la flauta, no muy distante, como fondo de las palabras.*

Linda. — Perdóname, querido. No puedo llorar. No sé por qué es, pero no puedo llorar. No lo comprendo. ¿Por qué hiciste eso? Ayúdame, Willy; no puedo llorar. Me parece que sólo estás en otro viaje. Estoy siempre esperándote. Willy, querido, no puedo llorar. ¿Por qué lo hiciste? Busco, busco y busco, pero no puedo descubrir el motivo, Willy. Hoy hice el último pago de la casa. Hoy, Willy. Y no habrá nadie en ella. *(Sube un sollozo a su garganta.)* Estábamos libres, sin obligaciones. *(Llorando más abiertamente, con alivio.)* Éramos libres. (Biff *se acerca lentamente hacia ella.*) Éramos libres..., libres...

Biff *la levanta y se desplaza con ella, sosteniéndola, hacia la derecha.* Linda *solloza calladamente.* Bernard *y* Charley *se juntan y les siguen, seguidos de* Happy. *Sólo la música de la flauta queda en el escenario que se va oscureciendo, mientras, sobre la casa, adquieren un fuerte relieve las altas y duras casas de departamentos y cae el*

TELÓN

ESTE LIBRO SE TERMINO DE IMPRIMIR
EN A.P.E.G.S.A.,
TABARE 1760, CAPITAL FEDERAL,
REPUBLICA ARGENTINA
JUNIO 1995